ÉTUDES DE MŒURS ALGÉRIENNES.

EL-IHOUDI

PAR

S.-HENRY BERTHOUD.

I

PARIS,
L. DE POTTER, LIBRAIRE-ÉDITEUR,
Rue Saint-Jacques, 38.

1847

EL-IHOUDI.

Sceaux. — Impr. de E. Dépée.

ÉTUDES DE MŒURS ALGÉRIENNES.

EL-IHOUDI

PAR

S.-HENRY BERTHOUD.

I

PARIS,

L. DE POTTER, LIBRAIRE-ÉDITEUR,
Rue Saint-Jacques, 38.

1847

A MONSIEUR

FERDINAND DUBAR.

Mon ami, permettez-moi de placer votre nom en tête de ce livre, écrit sous vos yeux, jour par jour, et pour ainsi dire heure par heure. Vous avez été le compagnon fidèle de mes excursions et de mes études ; c'est appuyé sur votre bras, c'est guidé par vous que j'ai parcouru l'Algérie entière.

A côté du vôtre, laissez-moi mettre encore les noms amis du khalifah el Karoubi, du savant orientaliste Bregnier et de notre cher khadi Si Mohammed ben Mohammed Mohassen. L'affection et la reconnaissance m'en font un devoir.

I

LA PENDULE D'ALBATRE.

Paris ne s'éveille véritablement que vers sept heures du matin. Jusque-là, on ne rencontre guère que des bandes de balayeurs, stationnant au milieu des nuages de poussière qu'ils soulèvent; des troupes d'anesses, sous la conduite d'un métayer nomade, vont se faire traire à la porte des malades qui réclament leur lait; il faut ajouter des ouvriers qui se dirigent gaîment et à grands pas vers leur besogne; enfin quelques gardes nationaux, sur le seuil des mairies, attendent avec impatience et en s'étirant les bras, l'heure qui doit les rendre à leurs habitudes domestiques. Les magasins s'ouvrent à peine et ne laissent voir, à travers les glaces de leurs montres extérieures, que des femmes enveloppées de peignoirs fanés, coiffées de nuit, et dont la chaussure négligée et les cheveux en désordre ne rappellent en rien les jolies marchandes qui, plus tard, prendront place au fauteuil de leur comptoir, comme des reines s'asseoient sur leur trône, belles, élégantes et d'une irréprochable recherche. Les trottoirs même, inondés par les bornes-fontaines qui vomissent, à pleines gorgées, des flots d'eau sur leur asphalte, n'offrent aux pieds des rares passants qu'une voie glissante et humide; Paris s'apprête à se mettre en scène et ne s'inquiète ni du désordre ni de l'abandon du moment actuel, pourvu que tout-à-l'heure il puisse paraître avec éclat.

Quoique les premiers symptômes du réveil de Paris commençassent seulement à se manifester dans le quartier de la Chaussée-d'Antin, déjà, depuis une heure, un jeune homme se promenait sur la partie du boulevard qui avoisine la rue du Helder : tantôt il accélérait sa marche avec impatience et il atteignait, en quelques minutes, la rue Lepelletier; tantôt il revenait sur ses pas, repassait devant la rue du Helder, y jetait nn regard rapide et se dirigeait vers la rue de la Chaussée-d'Antin : après quoi il recommençait le même manége.

Cet obstiné promeneur comptait vingt ans à peine ; c'était une de ces belles têtes blondes dont Paris, redoutable serre-chaude, provoque les passions précoces, et qu'il jette avant le temps, dans la crise redoutable d'un premier amour ; crise qui trop souvent décide de tout l'avenir d'un homme.

Il y avait de la naïveté et de la désillusion dans le sourire amer qui contractait les lèvres de ce jeune homme, chaque fois qu'il jetait son regard dans la rue du Helder sans y rencontrer ce qu'il y cherchait. A la fin cependant, au lieu de continuer sa route, il s'arrêta tout-à-coup; l'impatience et la colère avaient blêmi son visage, em même-temps que ses yeux s'injectaient de sang, et que ses lèvres desséchées s'agitaient d'une façon convulsive. On le voyait facilement, sa raison s'égarait : il luttait en vain contre une de ces tentations fatales, provoquées par le délire, et qu'on nomme avec tant de justesse et d'énergie un coup de tête. Vaincu par son égarement et en proie à une fièvre véritable, il prit brusquement sa course et s'élança vers l'extrémité de la rue du Helder opposée au boulevart. Comme il s'arrêtait, haletant, devant une maison qui forme l'angle avec la rue Taitbout, la porte de cette maison s'ouvrit brusquement, et le promeneur matinal se trouva face à face avec un homme de quarante ans environ...

La physionomie de ces deux personnes trahit une même expression de surprise et de mécontentement. Quoique évidemment elles se connussent, elles n'échangèrent point de salut et se dirigèrent en se tournant le dos, la plus âgée vers le boulevart, la plus jeune vers l'intérieur des rues. Arrivées à cent pas de distance, elles se retournèrent assez malencontreusement pour que leurs regards se rencontrassent de nouveau et vinssent prouver qu'elles n'étaient point aussi étrangères l'une à l'autre qu'elles affectaient de le paraître. Toutes les deux parurent se demander à la fois si elles ne reviendraient pas l'une sur l'autre. L'attitude du jeune homme exprimait l'attente et le défi. Dans les traits de son adversaire on lisait la colère et le désir de la vengeance. Cependant, avec une simultanéïté qui semblait le résultat d'un pacte tacite, ils se tournèrent de nouveau le dos, et continuérent leur chemin sans paraître prendre attention à une jeune femme accoudée sur la fenêtre de la maison devant laquelle ils s'étaient rencontrés.

Cette solution pacifique coûta beaucoup au plus âgé des deux antagonistes ; il fallut qu'il rassemblât toute la force de sa volonté et toute la puissance de sa raison pour ne point céder a la colère qui faisait battre impétueusement son cœur. Pâle, les dents serrées, les mains crispées, il précipita sa marche, qu'il accentuait sur le pavé par le choc saccadé de ses talons. Il ôta son chapeau pour essuyer l'eau glacée qui mouillait son front légèrement dégarni et pour l'exposer au contact frais et tempérant de l'air du matin.

Peu à peu ces mouvements violents firent place à des sensations moins emportées; un sourire de dédain finit même par entr'ouvrir ses lèvres, quoique son sourcil se contractât encore violemment.

A des émotions d'abord si orageuses succéda un de ces calmes plats dont les réactions font passer ceux qui les éprouvent des excitations les plus ardentes à un état voisin de l'affaissement ; semblables en cela à certaines ébulitions chimiques qui se forment par le contact de deux corps hétérogènes, et dont le produit ne rappelle en rien les deux principes qui l'ont formé. Il se sentit pris d'un profond dégoût pour la femme qui venait de lui faire éprouver, pendant un quart d'heure, les tourments enragés de la jalousie; il haussa les épaules, sourit franchement cette fois, respira plus à l'aise, et se mit en marche librement, légèrement, en homme qui vient de se débarrasser d'un pénible fardeau; sans regret et surtout avec la certitude de n'avoir à redouter, de sa propre part, ni faiblesse ni rechute.

Pour bien comprendre la réalité d'une pareille transformation morale, il faut se rappeler l'âge de cet homme et le regarder avec quelque attention. Ses manières révelaient une distinction qui résultait bien plus encore de sa nature d'élite que de ses habitudes et de ses relations; l'âge ne l'avait point trop marqué de son sceau, et peut-être même ses traits sévères eussent-ils perdu de leur caractère à ne point se trouver surmontés d'un front nu et largement développé. Un embonpoint généreux ôtait une partie de leur profondeur aux rides qui se dessinaient autour des tempes, d'une façon vague encore, et qui disparaissaient à mesure que la serénité reparaissait sur le visage du promeneur.

Enfin, la rosette d'officier de la Légion-d'Honneur brillait à un des revers de sa redingote bleue, qui, par la manière dont elle était boutonnée, semblait révéler des habitudes militaires.

On était alors au mois de mai; le ciel ne

montrait que de l'azur, et la lune, quittant le ciel à regret, apparaissait encore à l'extrémité de l'horison, quoique déjà le soleil répandît les splendeurs de sa lumière sous lesquelles tout s'animait de reflets étincelants et d'ombres vigoureusement accusées. L'air était frais et bon; il eût fallu, pour résister à tant de bienfaisantes influences, une mauvaise humeur plus persévérante que les traces d'ennui qu'avaient laissées dans l'âme du promeneur son désappointement du matin et la résolution qui en était la conséquence. Il avait pendant sa vie, subi trop de déceptions plus amères et plus fatales que celle-là, pour ne point en prendre tout-à-fait son parti : si bien qu'un quart d'heure après, flâneur insouciant, il s'arrêtait devant les magasins, suivait de l'œil les jeunes ouvrières qui passaient près de lui le nez au vent, et trouvait en outre le temps de chercher à deviner les traits de quelques femmes qui, le visage caché sous les plis de leurs voiles, livraient aux conjectures des curieux les motifs de leurs excursions matinales et furtives.

Il marchait donc à l'aventure, ne s'inquiétant pas du chemin qu'il suivait, et s'amusant beaucoup des épisodes de la route, qui tantôt amenaient devant lui un pied mignon, étroit et finement chaussé; tantôt une taille souple qui balançait les plis de sa jupe, comme une Espagnole eût fait onduler sa basquine. Pendant qu'il se livrait à ces plaisirs de poète et d'homme blasé, une femme qui sortait, hélas! de la catégorie attrayante des jeunes filles, s'arrêta à la vue du promeneur et le regarda, de loin, avec une curiosité qui finit par attirer l'attention de celui qui en était l'objet. Il prit son lorgnon et examina cette femme des pieds à la tête. Elle lui était parfaitement inconnue, et il s'en sut gré; il se souciait peu de connaître une créature peu avenante, maigrement vêtue, et dont la tournure attestait pour le moins quelque quarante ans. Lorsqu'il s'était retourné pour l'examiner, cette femme avait fait un mouvement vers lui; mais le regard froid qu'elle avait rencontré l'avait arrêtée.

Elle hésita, porta la main à ses yeux, peut-être pour essuyer une larme, et continua son chemin; tandis que lui, sans donner aucune attention à un incident de si peu d'importance, s'élançait gaîment vers une charmante grisette qui, à son insu peut-être, et peut-être aussi avec une habile perfidie, l'entraîna jusqu'à l'extrémité la plus lointaine du boulevart, presqu'en face de la colonne de la Bastille. Là, sans se retourner, sans jeter un seul coup-d'œil à l'opiniâtre admirateur qui marchait sur ses talons depuis une demie-heure, elle se jeta brusquement dans la boutique d'un marchand de bric-à-brac, referma la porte vitrée derrière elle, et disparut au milieu des meubles de toute nature qui encombraient l'étroit magasin.

Loin de se tenir pour vaincu, son opiniâtre traqueur ouvrit à son tour la porte et entra dans la boutique où ne tarda point à venir le rejoindre un vieillard au type israélite, qui, soulevant une casquette crasseuse, s'informa de ce que désirait son chaland. Celui-ci désigna quelques potiches, les prit dans ses mains, les examina en connaisseur éclairé, fit ressortir leurs parties défectueuses, dépouilla leur prix des prétentions exagérées du juif, et finit par conclure un marché assez avantageux pour les deux parties contractantes; en traitant cette affaire, il gagnait du temps et ne cessait pas de guetter de l'œil la porte par laquelle il s'attendait à voir reparaître la jeune fille. La damnée porte ne s'ouvrait point, et il ne restait plus au curieux désappointé qu'à donner son adresse et à ordonner qu'on lui envoyât les porcelaines, lorsque tout-à-coup il oublia les vases japonais et même la porte mystérieuse pour se diriger vers une petite pendule en albâtre, d'assez mauvais goût, de peu de valeur et que flanquaient, sous leurs cylindres de verres, deux vases en porcelaine peinte remplis de fleurs artificielles, et qu'avaient flétris la poussière et le temps. Une vive rougeur colora ses joues, et sans tenir compte de son embonpoint, il s'était agenouillé pour mieux contempler ces objets vulgaires, dédaigneusement placés par le brocanteur sur la dernière planche d'un vieux dressoir.

— Depuis combien de temps cette pendule se trouve-t-elle dans votre boutique? demanda-t-il au marchand d'une voix émue et les yeux humides de larmes.

L'impassible israélite alla prendre un registre, le posa sur le comptoir, arma son nez de lunettes et répondit après avoir compulsé les pages de ce grimoire :

— J'ai acheté la pendule et les vases, numéros 711, 712 et 713, l'année dernière au mois de janvier.

— Quel prix en voulez-vous ?

—Cinq cents francs, dit hardiment le juif.

Celui à qui s'adressait une demande si exorbitante regarda le marchand avec colère, mais comme si la seule pensée de discuter le prix de ces objets lui eût paru une honte, ou lui eût causé de la douleur, il tira de son portefeuille un billet de banque et le jeta sur le comptoir du fripier.

— Si monsieur veut me laisser son adresse, dit ce dernier en ôtant tout-à-fait sa casquette, je vais lui envoyer la pendule et les vases avec les autres autres objets.

— Non, interrompit l'acheteur avec impatience, non! faites avancer une voiture de place; je veux emporter moi-même mes dernières emplettes. Vous m'enverrez le reste dans la journée; voici ma carte.

Le vieillard lut sur cette carte le nom de M. le colonel Gaston d'Outrepont, député. Il ôta sa casquette, resta nu-tête devant l'acheteur et se hâta d'appeler de sa voix chevrottante:

— Judith! Judith!

La porte du fond s'ouvrit; la jeune fille,

naguère si vivement attendue, se montra, souriante et n'osant lever les yeux sur la personne qui se trouvait avec son père. Telle était l'émotion de M. d'Outrepont qu'il ne prêta aucune attention à la grisette, et que celle-ci reçut de son père l'ordre d'aller chercher une voiture, exécuta cet ordre et plaça la pendule dans le fiacre, sans même avoir obtenu un regard de l'admirateur fervent qui l'avait suivie pendant une demi-heure! et qu'elle supposait n'avoir fait tant d'achats que dans l'espérance de la revoir.

M. d'Outrepont monta précipitamment dans la voiture, plaça sur ses genoux la pendule, s'assura qu'elle ne recevrait aucun choc pendant le trajet, étaya soigneusement les deux petits vases et ordonna au cocher de le conduire rue d'Angoulême-St-Honoré.

. . . .

Après un trajet d'une demi-heure environ, le fiacre, qui s'était lentement traîné jusqu'aux Champs-Élysées, s'arrêta devant un charmant hôtel : le cocher descendit de son siége et déplia le marchepied à l'acquéreur de la pendule, qui ne s'était point dessaisi un moment de son emplette. Quoiqu'un domestique fût accouru au premier appel de la sonnette, M. d'Outrepont ne voulut s'en fier qu'à lui-même du soin de transporter jusqu'à son cabinet le trésor qu'il rapportait. Arrivé dans une riche bibliothèque, il déposa sur la cheminée la pendule d'albâtre, essuya les grains de poussière qui s'y trouvaient attachés, la remit sous son cylindre de verre, plaça près d'elle chacun des vases de porcelaine, les ajusta complaisamment des deux côtés de la pendule, et s'assit dans un fauteuil, en face, pour mieux contempler la symétrie.

Peu à peu, une rêverie profonde s'empara de lui; ce fut dans cette rêverie que le trouva le valet de chambre lorsqu'il entra pour annoncer qu'une dame demandait à être admise près de M. d'Outrepont.

— Cette femme ne vous a-t-elle point dit son nom! demanda d'un ton assez brusque le rêveur interrompu au milieu des souvenirs qu'évoquait dans son imagination la vue de la petite pendule.

— Le valet da chambre présenta un carré de papier sur lequel se trouvait écrit le nom de Madame Lefébure.

— Je ne connais point cette femme : que peut-elle me vouloir?

— Je le lui ai demandé, répondit le valet de chambre; elle m'a répondu que son nom suffisait pour vous l'apprendre.

— Quelque vieille folle qui vient me solliciter d'appuyer une demande extravagante!

Le domestique sourit comme pour confirmer les suppositions de son maître.

— Dites que je n'y suis point, conclut ce dernier en reprenant, dans son fauteuil, l'attitude voluptueusement indolente que lui avait fait quitter un moment la requête de madame Lefébure.

Puis rappelant le domestique :

— Jean, fit-il, je n'y suis pour personne, ce matin.

— Pour personne, monsieur? demanda Jean d'un air surpris et mystérieux.

— Pour personne! répondit sèchement M. d'Outrepont, à qui la question et le doute de son domestique rendait, pour un instant, la mauvaise humeur que lui avait fait éprouver sa rencontre de la rue du Helder. Cette humeur, néanmoins, s'effaça bientôt dans la contemplation de la pendule d'albâtre.

Jean, d'assez mauvaise humeur lui-même, et qui n'était point fâché de faire réjaillir, sur un autre, un peu de l'accueil désobligeant dont son maître l'avait aspergé, vint retrouver madame Lefébure, qui attendait dans l'antichambre :

— Le colonel est sorti, dit-il, et ne rentrera point de la journée.

La pauvre femme soupira.

— Et demain? dit-elle, demain! A quelle heure pourrai-je rencontrer M. d'Outrepont ?

— Je l'ignore, madame, répliqua Jean, d'un ton significatif.

Elle essuya une larme et se disposa à sortir avec une douleur si profonde que le cœur de Jean, peu pitoyable de sa nature, s'émut néanmoins devant ce désespoir muet; d'autant plus que Jean était Arlésien, et qu'il avait reconnu, non sans un sentiment de sympathie nationale, l'accent de son pays dans la manière dont madame Lefébure prononçait certaines consonnes.

— Revenez demain, à dix heures, madame, reprit-il en passant tout-à-coup de la froideur à la bienveillance : peut-être le colonel poûrra-t-il vous recevoir?

Elle remercia le valet de chambre par un regard plein de reconnaissance et s'éloigna tristement, après avoir repris un mauvais parapluie qu'elle avait déposé derrière la porte.

— Un parapluie, des socques et un châle fané! se dit Jean; c'est encore quelque pauvre créature tombée de l'aisance dans la misère. Ah! que les riches qui deviennent pauvres sont à plaindre, et qu'il vaut bien mieux avoir été pauvre toute sa vie!

Tandis que Jean, vieux domestique au service de M. d'Outrepont depuis quinze ans, se livrait à ces réflexions philosophiques, son maître, pour mieux considérer la pendule qu'il venait d'acheter, avait quitté son fauteuil et s'était accoudé sur la cheminée.

A travers la glace sans tain qui surmontait cette cheminée, il aperçut, s'éloignant de son hôtel et se dirigeant du côté des Champs-Élysées, la visiteuse à laquelle il venait de faire refuser sa porte.

Il crut reconnaître en elle la femme qui

deux heures auparavant, s'était arrêtée sur le boulevart pour le voir passer. Il fit un geste de joie.

— Je l'ai échappé belle! dit-il. Il s'agissait au moins de quelque demande de bureau de poste ou de timbre!

En achevant ces paroles, accompagnées d'un geste de dégoût, il se rétablit voluptueusement dans son fauteuil, attacha de nouveau les yeux sur la pendule d'albâtre et ne tarda point à retomber dans sa première rêverie.

Une demie-heure après, il était encore là, la tête appuyée contre une des larges oreilles de son fauteuil, les pieds allongés sur un coussin, en face du foyer et les regards attachés sur ses emplettes du matin.

Tout à-coup, il sentit une main se poser sur son épaule. Il tressaillit comme un homme qu'on éveille en sursaut, et répondit gaiement au sonore éclat de rire que laissa échapper la personne entrée, malgré la consigne donnée au valet de chambre.

— Je viens vous demander à déjeûner, Gaston, dit le nouveau venu, tout en examinant, avec une surprise pleine de curiosité, la pendule d'albâtre. Nous avons besoin, ce matin, de votre voix à la chambre pour un vote important. J'ai promis à nos amis de vous amener, car vous traitez la politique comme les femmes; vous n'y croyez pas beaucoup et vous lui êtes souvent infidèle.... Mais qui donc a placé sur votre cheminée ces abominables albâtres des premières années de l'empire? Depuis mon arrivée, je cherche à m'expliquer comment l'élégant Gaston peut laisser, sous ses yeux, de pareils objets et je ne puis trouver le mot de cette énigme.

— L'énigme deviendrait encore plus obscure pour vous, mon cher général, si je vous disais que j'ai acheté tout cela cinq cents francs, et que je n'ai voulu laisser à aucun autre le soin de rapporter, dans ma voiture, et de disposer, sur ma cheminée, ces précieuses reliques de ma jeunesse.

— Si c'est une églogue, je ne dis plus rien, répliqua le général. Cependant vous me permettrez de sourire en regardant les jambes de ces amours trapus, et les becs gigantesques de ces colombes naines. Ah ! rien ne manque au mystère ! Voici, au bas d'une des colonnettes, deux chiffres gravés, un G et un A. Un G! mon cher Gaston! je ne puis plus le mettre en doute, il y a de l'amour dans tout ceci ; vous ne vous corrigerez donc jamais ? Prenez-y garde, ne laissez point venir Célestine dans ce cabinet ; elle briserait vos reliques amoureuses; la friponne se pique de jalousie.

Au nom de Célestine, un nuage avait passé sur le front de M.-d'Outrepont.

— Célestine pourra désormais exercer sa jalousie en toute liberté, dit-il avec un sourire forcé. Le nom de la danseuse lui avait rendu une crise de mauvaisc humeur qu'il cherchait à réprimer.

— Célestine ! s'écria M. Bonnivet. Célestine ! quel crime a-t-elle donc commis depuis hier soir? Hier soir, au sortir du Théâtre-Italien, j'ai encore vu votre voiture se diriger vers la rue du Helder.

—Célestine aime trop les visites matinales, interrompit brusquement Gaston, qui se prêtait d'assez mauvaise grâce aux questions de son ami, et dont le rire avait je ne sais quoi de saccadé par le dépit.

Puis il ajouta en guise de justification :

— Cela durait depuis dix-huit mois ; n'en parlons plus !

Jean vint annoncer que le déjeuner était servi ; les deux amis passèrent dans la salle à manger : bientôt il ne fut plus question ni de la pendule d'albâtre ni de l'infidèle Célestine. Les affaires publiques, les questions qui s'agitaient à la chambre, les chances de succès du ministère et les détails de ce monde mystérieux qui s'agite dans l'enceinte du Palais-Bourbon, s'emparèrent de l'entretien des deux convives.

Au sortir de table, ils se dirigèrent, en se donnant le bras, vers le palais de la chambre des députés.

Après la séance, ce fut encore appuyés sur

le bras l'un de l'autre que sortirent les deux amis. En traversant la salle des pas-perdus, le colonel aperçut, assise sur une des banquettes disposées dans l'embrasure des croisées, la femme qu'il avait rencontrée le matin sur le boulevart. A la vue du député, elle se leva vivement et se dirigea vers lui avec un timide empressement. Par une manœuvre habile, Gaston entraîna le général derrière un groupe de causeurs, se glissa hors de la salle, s'élança dans sa voiture qui stationnait en face du palais, et faisant asseoir Bonnivet à ses côtés :

— Je viens de l'échapper belle! dit il.

M. Bonnivet regarda autour de lui, sans

rien apercevoir qui pût justifier cette exclamation de son collègue.

— Un solliciteur? dit-il enfin, en homme qui connaît et qui comprend la gravité d'un pareil péril.

—Bien plus que cela, interrompit M. d'Outrepont; une solliciteuse!

— Ah ! mon Dieu !

— Une solliciteuse de quarante ans... et dont vous pouvez apercevoir encore là-bas le chapeau antédiluvien, continua-t-il en montrant, debout, sur les marches de l'escalier, madame Lefébure, qui portait autour d'elle des regards de désappointement et de douleur.

— Au Café de Paris ! dit le général au cocher.

Le lendemain matin, après une nuit passée dans un de ces doux et profonds sommeils qui donnent un réveil allègre et qui disposent à la belle humeur, M. d'Outrepont quitta gaiement son lit et entra dans son cabinet. Il se sentait libre, dispos, sans entraves ; il jouissait de cette heureuse situation d'esprit, en savant épicurien qui connaît la valeur du moment présent, et qui sait, pour en conserver la sérénité, se préserver des souvenirs fâcheux de la veille et des soucis du lendemain. D'ailleurs, il n'avait de sujets de tracasserie, ni dans le passé ni dans l'avenir. Il s'était vengé de l'infidélité de Célestine en se débarrassant de la danseuse, et surtout en s'en débarrassant, au moment où le crédit d'un protecteur lui devenait nécessaire pour passer de l'armée des figurantes au corps d'élite des coryphées. Le plaisir de la vengeance avait effacé les faibles traces du désappointement que fait toujours éprouver à un homme la trahison de la femme, même à laquelle il tient le moins.

Ajoutez qu'il faisait le plus beau temps du monde; que l'azur du ciel et la douceur de la température se trouvaient en harmonie avec les dispositions morales de Gaston. Il s'approcha de la fenêtre en sifflant un air de chasse, contempla quelques instants la campagne et l'horison qui se développaient au loin, et revint près de la cheminée, où l'attendait son grand et moelleux fauteuil.

La pendule d'albâtre occupait encore la même place que la veille, et le colonel la contempla de nouveau avec émotion.

— Le général a raison, dit-il; je ne dois point laisser exposés aux yeux des profanes ces précieux trésors tout parfumés de la poésie de ma jeunesse. Je veux les renfermer dans un bahut en ébène dont je ferai garnir l'intérieur en moire blanche. Je placerai ce bahut dans ma chambre à coucher, au-dessous du portrait de ma mère, pour ne point séparer mes deux souvenirs les plus saints et les plus doux

Tandis que son maître se livrait à ces pensées, Jean entendit tinter modestement, et d'un seul petit appel, la sonnette de la porte. Il alla ouvrir : c'était madame Lefébure.

— Vous arrivez de bien bonne heure, dit le valet de chambre, qui, tout favorablement disposé qu'il se sentît pour la pauvre femme, n'était point fâché de trancher de l'important et de faire valoir le service qu'il rendait.

— J'attendrai, si vous le permettez, ou je reviendrai tout-à-l'heure, balbutia-t-elle effrayée.

— Asseyez-vous là, madame, reprit Jean, désarmé par la timide résignation de la solliciteuse. Je vais vous annoncer au colonel.

— Une dame désire vous parler, dit il à Gaston, qui jeta un regard sur sa robe de chambre et qui se leva pour aller revêtir un costume moins sans façon.

— Quelle est cette femme? demanda-t-il toutefois avant de s'éloigner de la cheminée.

— Je crois qu'elle m'a dit s'appeler madame Lefébure, répondit Jean, qui laissa tomber, une à une, avec une prudente lenteur, les dernières syllabes de sa phrase.

— Madame Lefébure! s'écria M. d'Outrepont en se blotissant au fond de son fauteuil; madame Lefébure! un abominable chapeau de paille noire à forme évasée, n'est-ce pas?

Un châle fané? une robe de laine grise? Voici deux jours qu'elle me poursuit partout! dites que je n'y suis pas.

Jean n'abandonnait point si vite les protégés qu'il avait adoptés; il connaissait trop d'ailleurs l'humeur mobile et facilement impressionnable de son maître pour se tenir vaincu dès le premier échec.

— Voici une triste nouvelle pour le chapeau noir, dit-il du ton moitié familier et moitié respectueux que se permet parfois un ancien domestique avec son maître.

M. d'Outrepont ne répondit point et haussa les épaules.

— Tant pis pour cette femme, continua Jean ; aussi, pourquoi s'avise-t-elle de ne point amener avec elle la jolie personne qui l'accompagnait hier.

Jean mentait en parlant ainsi; mais Jean, nous sommes forcés de l'avouer, ne dédaignait pas de recourir au mensonge, quand il en reconnaissait l'utilité.

Déjà Gaston se sentait des dispositions moins hostiles contre le chapeau de paille noire.

— Mais que me veut l'opiniâtre créature? fit-il, entrant ainsi en pourparler et n'exigeant plus l'expulsion immédiate de la solliciteuse.

— Monsieur ferait peut-être bien de la recevoir, insinua Jean. Il sera toujours temps de s'en débarrasser, après l'avoir entendue, si la demande qu'elle veut adresser à monsieur n'est pas digne d'intérêt.

— Allons, Jean, soupira le député, faites entrer madame Lefébure.

Et il se laissa retomber dans son fauteuil avec un geste qui tenait à la fois de la résignation et de l'impatience.

II

LA FEMME AU CHAPEAU DE PAILLE NOIR.

Jean alla chercher sa protégée dans l'antichambre. M. d'Outrepont, qu'avait entraîné un mouvement de bienveillance ou plutôt de faiblesse irréfléchie, commença à se repentir sérieusement, à la pensée de l'ennui de cette entrevue : des doléances à écouter, des refus à donner, des sollicitations à subir, d'opiniâtres importunités à entendre, des espérances folles à détruire... et tout cela pour une femme inconnue, laide et vieille!

— Au diable Jean! C'est la dernière fois que le fat tranchera du protecteur et abusera de la bonté de son maître!

Telle était la situation morale du député, lorsque la porte s'ouvrit de nouveau, et que Jean annonça de sa plus belle voix :

— Madame Lefébure!

En même temps, il glissait un chaise derrière la pauvre femme, qui s'avançait en tremblant, puis il disparut.

Le front plissé par la mauvaise humeur, le colonel jeta les yeux sur la solliciteuse. L'examen qu'il en fit ne le ramena point à des sentiments plus bienveillants pour elle. Rien n'était changé au chapeau de paille noire de la veille, si ce n'est qu'un voileen recouvrait les bords évasés. En entrant dans le cabinet, madame Lefébure avait jeté sur son visage les plis de son voile, qui, cependant, laissaient encore trop entrevoir, au gré de Gaston, une physionomie insignifiante. Le reste du costume se trouvait parfaitement en harmonie avec le chapeau et les traits de la pauvre femme, qui se tenait là, sur le bord de sa chaise, tremblante, émue, les yeux pleins de larmes et la poitrine agitée.

— Vous avez à me parler, madame? demanda d'une voix glaciale M. d'Outrepont qui ne se sentait point ému du trouble de madame Lefébure, et qui déjà accusait, avec impatience, la durée de cette entrevue. Parlez ! veuillez me faire connaître les motifs qui me valent l'honneur de votre visite ? continua-t-il.

— L'émotion que j'éprouve... balbutia-t-elle en essuyant ses larmes...

— Je l'aurais préférée moins hydraulique et plus prompte à parler, pensa Gaston, en portant les yeux sur la robe de laine de madame Lefébure, ou plutôt sur la taille épaisse dont cette robe dessinait les contours largement accusés.

Cependant l'agitation de madame Lefébure, loin de s'apaiser, semblait au contraire s'accroître encore. Ses lèvres convulsives cherchaient à murmurer des mots que leurs sanglots rendaient inintelligibles. Le député jeta un regard sur la pendule et dit d'une voix brève dans laquelle se trahissait de l'impatience.

— L'heure qui m'appelle à la chambre ne tardera point à sonner, madame; j'ai d'autres personnes à recevoir avant de me rendre à la séance. Je vous en conjure, veuillez vous remettre d'une émotion que je ne m'explique point et que je ne sais comment calmer.

Elle se leva en pleurant et se dirigea vers la porte pour s'éloigner.

Le colonel, se sentant pris enfin de pitié pour cette douleur vraie et profonde, changea de manière avec madame Lefébure :

— Il faut m'excuser, madame, et me parler avec confiance, dit-il en la prenant par la main et en la forçant de se rasseoir. Voyons, mettez de côté toute crainte, et croyez à mon désir sincère de vous être utile.

— Oh! merci! dit-elle avec effusion, merci! Vos paroles me rendent un peu de force et de consolation. Si vous saviez ce que je souffre depuis hier!

— Un chagrin inattendu vous a donc frappée?

— Le plus cruel qui pût, hélas! m'advenir. Il détruit toutes les croyances de mon cœur; il m'enlève la seule pensée qui me soutint encore dans la vie.

— Les députés, madame, peuvent contribuer à réparer les injustices du sort, mais non point à consoler les peines de cœur, interrompit le colonel en souriant; ces confidences...

— Vous avez raison, monsieur, reprit-elle à son tour avec un sourire amer; je vais me hâter de parler et tâcher d'oublier des larmes et des regrets — ridicules, n'est-ce pas, de la part d'une vieille femme? J'arrive à ma pétition, monsieur. Fille d'un employé supérieur de la douane, sœur d'un colonel mort au service de son pays, pendant dix-sept ans j'ai lutté contre la pauvreté pour donner aux orphelins de mon frère une éducation honorable. En remplissant ce devoir, monsieur, j'ai épuisé mes ressources. Ma vue s'affaiblit, les veilles l'ont fatiguée, à ce point de me rendre difficile tout travail à la lampe. Sans vous, sans votre protection, je ne sais que devenir... Et cependant il faut encore que je vive pour les enfants de mon frère, pour sa fille surtout qui compte à peine dix-sept ans.

— Vous appartenez à la ville que je représente à la chambre?

— Non, monsieur.

— Êtes-vous née du moins dans le département auquel m'attache mon titre de député?

— Non, monsieur.

— Hélas! madame, je n'ai point le droit de faire valoir près du ministre vos demandes si légitimes.

— Que vais-je devenir? Que vont devenir les enfants de mon frère, monsieur? Pour moi, la mort, fût-ce la mort qui donne la faim, serait un bienfait! Mais ces orphelins...

— Allons, ne perdez pas tout espoir, madame : mettez votre confiance en moi. Si je ne puis faire valoir vos droits près du ministre, j'espère trouver des amis qui, par affection pour moi, se chargeront de ce soin. A quel département appartenez-vous?

— Au département des Bouches-du-Rhône.

— Et dans quelle ville êtes-vous née?

— A Arles.

Il écrivit ces notes sur son calepin.

— Vous-même, monsieur, reprit madame Lefébure, vous avez habité Arles autrefois?

— Hélas, dit-il en soupirant, des souvenirs bien chers et bien doux se rattachent pour moi à cette ville.

— Vous n'étiez alors qu'un obscur employé sans fortune, sans avenir, continua-t-elle.

— Comment donc savez-vous ces détails?

— Et cependant, reprit-elle avec une émotion fiévreuse, et cependant, malgré la distance qui vous séparait d'une jeune fille, alors riche et appartenant à une famille puissante, vous ne pûtes vous défendre d'un amour insensé pour Antoinette.

— Oh ! taisez-vous! Ou plutôt parlez, parlez au nom du ciel ! jamais la pensée de cette jeune fille ne s'est effacée de mon cœur. Le rang, la fortune que je me suis conquis à l'armée, je les lui dois, car c'est pour elle que je voulais les conquérir. Entraîné à la suite des armées impériales, fait prisonnier de guerre, lorsqu'après quinze ans je pus enfin rentrer en France, tous mes efforts pour retrouver Antoinette restèrent infructueux. Elle avait quitté Arles et le département des Bouches-du-Rhône. Son père n'existait plus, on ignorait le pays qu'elle habitait... Mais vous qui la connaissez, vous qui savez d'elle le secret de nos chastes et douces amours, dites-moi, je vous en supplie, si je puis espérer de la revoir ?

— Comme elle vous l'avait juré, Antoinette vous est restée fidèle, monsieur, répondit madame Leféburе; ni l'autorité de son père ni les partis brillants que lui proposait sa famille n'ont pu ébranler sa constance et la forcer à manquer aux serments qu'elle avait faits à son fiancé devant Dieu.

— Que la pensée de la revoir me rend heureux! Mais, j'y songe, vous portez le même nom qu'elle, madame; peut-être êtes-vous la parente d'Antoinette Lefébure?

— Oh! c'est trop souffrir! c'est trop souffrir! murmura madame Lefébure en se cachant le visage dans ses mains; puis, relevant la tête :

— Gaston, dit-elle avec une expression ineffable de douleur, vous ne reconnaissez donc point votre fiancée?

Il tressaillit et recula.

— L'âge et les soufrances ont bien changé, n'est-ce pas, la jeune fille qui grava son chiffre et le vôtre sur le socle de cette pendule d'albâtre. Hélas! c'est la dernière relique dont la misère m'ait réduite à me séparer.

M. d'Outrepont restait anéanti et ne pouvait maîtriser son désappointement. Voir tout-à-coup se matérialiser les premiers rêves de sa jeunesse! retrouver, flétrie par l'âge et par la pauvreté, une jeune fille éperduement aimée de cet amour qu'on n'éprouve qu'une fois dans la vie, et qui décide presque toujours de la destinée entière d'un homme.... C'était un de ces coups rudes et imprévus qui étourdissent et qui abattent des caractères plus énergiques que l'imagination mobile du colonel.

— Antoinette! bégaya-t-il enfin : vous, Antoinette!

— Non pas l'Antoinette d'autrefois, dit-elle; vous avez eu raison de la voir sans la reconnaître!... c'est une pauvre femme qui vient solliciter votre pitié pour deux orphelins.

Tandis qu'elle parlait ainsi, M. d'Outrepont se regardait avec anxiété dans la glace de la cheminée et se demandait, non sans effroi, si les ravages du temps l'avaient stygmatisé aussi profondément qu'Antoinette. La fraîcheur de son teint, la blancheur de ses mains et l'élégance de sa tournure, à laquelle ne messayait pas l'embonpoint, le rassurèrent complétement.

— Chère Antoinette ! dit-il enfin en balbutiant à son tour : que voulez-vous? ce nom de Lefébure, si répandu, si banal... et puis le titre de madame dont cet imbécile de Jean l'avait fait précéder...

Elle l'interrompit doucement.

— Je ne suis plus pour vous qu'une vieille amie, tendre et dévouée ; je comprends toute l'étendue qui sépare les rêves de notre jeunesse de la réalité du présent. Je bénis Dieu, qui du moins a laissé dans votre cœur le souvenir d'un amour... depuis longtemps impossible pour vous ; et je n'éprouve aucun regret de ma pieuse fidélité à nos serments. Adieu, Gaston !

Il y avait dans cette entrevue avec sa fiancée je ne sais quoi de si triste et de si embarrassant, que M. d'Outrepont la laissa s'éloigner sans songer à la retenir. Il s'en voulait de sa froideur à l'égard d'Antoinette, et cependant, de bonne foi, pouvait-il, sans désappointement, retrouver en elle, sous cet intolérable chapeau de paille noire, la charmante jeune fille, entourée des prestiges du luxe et de la fortune? En incrustant leurs chiffres sur le socle d'une pendule, ils traçaient, sans le savoir l'horoscope de leurs amours.

Il sourit de cette plaisanterie, sonna Jean pour qu'il lui servît à déjeûner et se rendit à la Chambre, tout préoccupé de son aventure bizarre. C'était déjà de cette épithète qu'il qualifiait son entrevue avec Antoinette.

La séance de la chambre offrait ce jour-là peu d'intérêt ; les lois qu'on y discutait n'étaient de nature à soulever ni questions, ni passions politiques. M. d'Outrepont, à demi-couché sur son banc, finit peu à peu par ne plus prêter l'oreille aux orateurs. Il devint étranger à ce qui se disait à la tribune et à ce qui se passait autour de lui. Il tomba dans une rêverie profonde, et ne tarda point à se retrouver tout entier sous l'influence des incidents qui le préoccupaient depuis deux jours. Célestine et sa trahison le laissaient à peu près insensible, mais le souvenir d'Antoinette lui causait une sorte de malaise plein de confusion, de regret et de désappointement. Sa rupture avec une maîtresse qu'il n'aimait que médiocrement n'était, pour lui, qu'un incident vulgaire et sans importance de sa vie habituelle ; mais il ne traitait pas avec la même insouciance la perte de sa dernière ou plutôt de sa première illusion. Son cœur éprouvait un vide immense en voyant s'évaporer et s'anéantir la seule croyance qu'il eût gardée ; il lui semblait que la vieillesse posait sur lui une main glacée dont il n'avait pas encore subi le triste contact. Peu à peu cette tristesse et ce mécontentement contre le sort, peu à peu cette conscience de son âge, dégénérèrent en une vague irritation contre celle qui était la cause innocente de ses désillusions. D'autre fois, il en voulait à sa fiancée d'avoir vieilli : en lui montrant son visage flétri par le temps, elle avait dissipé le charmant fantôme qu'il gardait comme un trésor dans sa pensée. Il ne tenait compte à la pauvre femme ni de sa longue et noble fidélité, que rien n'avait pu faire démentir, ni de sa destinée à jamais perdue par cette même fidélité.

Il chercha à se soustraire à ces idées pénibles : elles éloignaient de son esprit une sérénité et une insouciance sur lesquelles il avait établi son bonheur, et qu'il voulait conserver à tout prix. Pour oublier l'image mal plaisante d'Antoinette vieillie, il recourut donc, en sortant de la Chambre, aux distractions les plus efficaces et leur livra son imagination mobile. Deux de ses amis, dont il connaissait la gaîté, furent conviés à dîner par lui, et il lutta d'esprit avec eux, ne dédaignant point d'animer sa verve à l'aide des vapeurs hilariantes du vin de Champagne. Enfin il alla terminer sa soirée au bal de l'Opéra.

Un domino à la taille fine et cambrée, aux pieds mignons, à l'œil noir qui flamboyait à travers les ouvertures de son masque, ne tarda point à lui prendre le bras et à l'entraîner dans une de ces piquantes intrigues qui joignent à tant de priviléges le charme incisif du mystère. Tandis qu'il cherchait à deviner le mot du masque énigmatique qui se montrait initié à mille circonstances de la vie de sa victime, le colonel contemplait avec complaisance les dents charmantes et les lèvres roses que laissait entrevoir la bavette de satin soulevée chaque instant par le souffle de cette femme. Il pressa et finit par déganter une petite main blanche, potelée, aux doigts effilés, qui ne résistait point trop. Ajoutez encore que la voix douce et incisive de la mystérieuse fée, murmurait des paroles magiques au milieu des bruits de la foule, des accords de la musique et du mouvement étourdissant de la foule qui se pressait et s'agitait dans l'enceinte du foyer devenue trop étroite. Gaston se perdait en conjectures, bâtissait sur un mot des échafaudages de suppositions, détruites par un autre mot, et faisait de sa jolie persécutrice, tantôt un femme du monde, tantôt une de ces adorables magiciennes dont il aimait, on le sait, à subir les enchantements et à porter les chaînes, si légères et si faciles à briser.

A la fin de la nuit, il obtint la promesse

d'un rendez-vous pour le bal suivant; puis au moment où il sollicitait un gage de cette promesse, le domino, profitant d'un mouvement tumultueux qui survint dans le foyer, s'échappa, se jeta par une fuite brusque et rapide au milieu de la foule, et disparut, laissant inutiles les efforts de M. d'Outrepont pour retrouver ses traces.

Il rentra donc chez lui adorablement tourmenté du souvenir de cette intrigue, et s'endormit en songeant à l'inconnue si belle, si piquante, et qui avait prodigué pendant la soirée, pour lui seul, des trésors d'esprit, de gaîté et de malice à faire envie à un démon.

Le lendemain à son réveil, c'est-à-dire vers

deux heures, on lui remit un petit billet dont les six lignes, évidemment écrites par une femme, jetaient à l'heureux Gaston un nouveaux défi de l'héroïne de son intrigue. Il y avait, dans ces six lignes, un parfum d'esprit aventureux qui attestait combien le petit roman, encore ébauché et à son premier chapitre, sortait de la ligne banale et promettait des pages piquantes avant d'arriver au dernier volume. Il se rendit donc à la Chambre sous l'influence de ce bonheur juvénile que les hommes les plus supérieurs ressentent en pareil cas, s'estiment heureux d'éprouver, et recherchent avec avidité, surtout à quarante ans.

En arrivant au Palais-Bourbon, il trouva tous ses collègues émus par une de ces graves questions qui jaillissent tout-à-coup d'une discussion, inféconde en apparence, et qui peuvent décider de l'existence d'un ministère ou du triomphe d'un parti. Tantôt un orateur semblait remporter la victoire et tailler en pièces ses adversaires, tantôt au contraire une réplique habile rendait l'espoir aux vaincus et remettait en doute l'issue de la bataille. La lutte fut si longue et si redoutable, que l'assemblée se répara sans rien conclure, et que la discussion fut ajournée au lendemain.

Au sortir de la séance, les amis politiques de M. d'Outrepont lui donnèrent rendez-vous le soir, chez un des leurs, pour aviser aux moyens de s'assurer la majorité et de ne point céder à leurs antogonistes. Ce furent donc de nouvelles émotions réservées à l'heureux député, qui sentait doubler son existence, au milieu de ces agitations de la vie politique.

A minuit, il rentra chez lui, cette fois encore, disposé merveilleusement au sommeil par une bonne fatigue, et il s'endormit en pensant aux luttes, et il l'espérait bien, — au triomphe du lendemain.

Un second billet du domino l'attendait à son réveil. Un combat à la chambre et une intrigue au bal de l'Opéra ! Pouvait-il trouver le temps d'une pensée pour des souvenirs désobligeants? Trois jours s'écoulèrent donc sans qu'Antoinette se présentât à son imagination. Encore fallut-il, pour qu'il y songeât, qu'une lettre de mademoiselle Lefébure lui fût remise en même temps que le cinquième billet du domino. Il lut le billet et parcourut la lettre; il médita et commenta chaque mot du papier parfumé, et ne jeta plus les yeux sur la grosse et prosaïque écriture qui pétitionnait, en termes humblement persécuteurs, je ne sais quelle place vulgaire.

— Quelle fatigante insistance! Pourquoi réclamer ainsi l'accomplissement d'une promesse à peine donnée? Cette femme doute donc de moi? Oh! que les vieilles solliciteuses sont impitoyables! En voici une qui arrive du fond de sa province, et qui se figure que les députés possèdent une baguette dont il leur suffit de frapper le rocher du budget pour en faire jaillir des faveurs... Et puis, cette spéculation sur un premier amour a vraiment quelque chose d'odieux. On ne saurait arracher plus impitoyablement à un homme sa dernière illusion.

Il soupira, jeta la lettre sur son bureau, se mit à sa toilette et sortit en plaçant dans sa poche le billet du domino.

Il pleuvait, cette après-midi là, des lettres pour Gaston, comme il pleuvait des soufflets dans la fameuse nuit du *Mariage de Figaro*.

A peine M. d'Outrepont se trouva-t-il installé sur son banc, qu'un huissier de la chambre vint, gravement et à pas comptés, lui apporter un billet sur l'adresse duquel l'ancien ami de Célestine reconnut l'écriture de son ex-protégée. Il sourit froidement, comme un habile maitre d'escrime sourit de la botte impossible qu'un écolier maladroit veut lui porter, et qui ne saurait même effleurer le plastron, cette botte se trouve parée aussitôt que lancée. Il décacheta donc la lettre de la danseuse, non sans un petit geste de dédain, qui eût fait honneur au maréchal de Richelieu lui-même.

Voici ce que contenait le billet de Célestine, qui, depuis sa rupture avec le colonel, s'était silencieusement résignée à l'abandon :

« Mon cher Gaston,

« Je vous ai trompé, seulement parce qu'il « est dans votre nature de l'être, et que rien « ne saurait vous soustraire à votre vocation.

« En ce moment encore votre imagination de
« poète et votre bonne opinion de vous-même
« vous font prendre, pour une femme jeune,
« jolie et spirituelle, une vieille, laide et
« sotte créature. Depuis huit jours vous vous
« laissez mystifier par Adèle Bourgeois. Elle
« vous fait écrire des lettres par une de ses
« amies forte sur l'orthographe. Comment le
« gros vilain signe qu'Adèle porte au menton
« ne vous a-t-il point appris à qui vous
« aviez à faire? Erreur pour erreur, du moins
« je ne suis ni vieille, ni laide, ni sotte. Vous
« me trouverez donc, quand vous le voudrez,
« prête à vous pardonner les torts que j'ai
« eus envers vous.

« CÉLESTINE. »

Une légère rougeur couvrit les joues de

Gaston pendant cette lecture : Célestine, à n'en point douter, disait vrai : la fée du bal de l'Opéra n'était qu'une sorcière. Le maître d'escrime avait été touché par l'écolier dont il se riait tout-à-l'heure. Il reconnut de bonne grâce une défaite à laquelle il attachait peu de regrets. Ces intrigues, pour lesquelles il se passionnait de bonne foi, ne lui offraient d'autre intérêt que l'ardeur et les émotions d'un joueur pendant une partie d'échecs. Tant qu'on manœuvre les pièces, on se livre corps et âme à leur marche ; on s'afflige de certaines combinaisons, et on se réjouit avec exaltation d'une victoire. La partie terminée, on jette là les pions et le damier, sans s'inquiéter de ce qu'ils deviendront, et on ne pense plus ni au roi, ni à la dame, ni aux cavaliers, ni enfin à ces armées d'ébène et de buis, qui naguère absorbaient tellement l'attention qu'on en oubliait même les soucis les plus sérieux.

Il déchira la lettre de Célestine et la lettre du domino de l'Opéra et en confondit les morceaux, qu'il éparpilla autour de son banc. Après quoi, il se mit à écouter attentivement un orateur qui traitait avec talent une question pleine d'intérêt politique, et qui pouvait soulever une tempête au sein de la chambre. Une heure après il ne songeait plus à la mystification du bal masqué, ni à la lettre de la danseuse.

Cependant il s'ennuyait ; il ne savait comment combler le vide ou plutôt l'oisiveté qu'il éprouvait; pour comble de malheur, il ne dînait point en ville ce soir-là, et personne de ses amis ou de ses collègues ne se trouvait au Café-de-Paris. Les affiches des spectacles n'annonçaient rien de nouveau et qui pût tenter une curiosité quelque peu blasée. Enfin il pleuvait un peu, et l'aspect triste des boulevarts induisait en mélancolie. Tout en aspirant lentement la fumée de son cigare, Gaston laissa peu à peu son âme se replier sur elle-même : les souvenirs de sa jeunesse revinrent doucement passer devant son imagination. Antoinette, son amour et son long dévoûment, s'emparèrent de sa pensée : il se reprocha l'ingratitude qu'il lui avait témoignée; puis il songea tout-à-coup à la joie qu'éprouverait la pauvre femme s'il allait la voir et lui tendre une main affectueuse. Le matin encore il ne pouvait, sans désappointement, se trouver face à face avec le souvenir de cette vieille femme que son imagination lui avait gardée si longtemps jeune et belle. Maintenant, grâce à la mobilité d'esprit qui le caractérisait, il trouvait charmant de se rendre chez elle, de la surprendre, de la charmer par cette visite inattendue, enfin d'évoquer pieusement avec elle les souvenirs du passé. Habitué à satisfaire complaisamment ses fantaisies, à suivre ses caprices et à se livrer aux plaisirs de l'imprévu, il se jeta dans une voiture de place et se fit conduire vers le quartier lointain que mademoiselle Lefébure occupait, sur la frontière des plaines, solitaires à cette époque, au milieu desquelles commençait à s'élever l'église de Saint-Vincent-de-Paul.

Il y avait alors, à la droite de l'église, une maison qui formait à elle seule une rue entière triomphalement indiquée par un cartouche municipal portant cette inscription : *Rue Neuve-Hauteville.* Après avoir erré sept ou huit minutes, en prenant des informations chez tous les marchands de vins du voisinage, le cocher de fiacre finit par découvrir la maison et la rue.

Gaston s'était amusé beaucoup de ces découvertes géographiques au milieu de Paris. L'abandon du quartier, mal éclairé et parsemé çà et là de maisons à demi-bâties, l'église qui dressait ses colonnes encore inachevées, tout cela, éclairé par la lune et vu à travers le voile indécis du brouillard, prenait un caractère de bizarrerie fort au goût de l'imagination romanesque du colonel. Ce fut avec les mêmes impressions qu'il monta les cent quarante marches qui conduisaient à la mansarde de mademoiselle Lefébure. La nouveauté de cette excursion l'empêchait de maugréer contre la fatigue qui courbaturait ses jambes et qui essoufflait sa poitrine.

A la fin, il arriva au terme de son ascension, sur un étroit carré, sans autre clarté que les lueurs lointaines d'une lanterne destinée à éclairer les étages inférieurs.

Il s'adossa un moment contre le mur pour respirer, s'essuya le front, rajusta ses cheveux, et tira le cordon de la sonnette, non sans l'avoir quelque temps cherché à tatons.

III

UNE VISITE AU CINQUIÈME ÉTAGE.

Quelques instants s'écoulèrent avant que la porte ne s'ouvrît. Gaston s'amusa, pendant cet intervalle de temps, à étudier les effets fantastiques d'ombres et de lumières qui se jouaient autour de lui sur le perron de l'escalier. A la surface plane du plafond venait se briser une sorte de vapeur noirâtre qui tournoyait légèrement sur elle-même : çà et là, sur le mur poli, arrivaient des gerbes d'une lueur semblable à une phosphorescence à demi éteinte. Les angles étaient recouverts d'un noir tellement dense que l'œil ne pouvait y pénétrer. Le colonel se pencha sur la rampe de l'escalier et se livra, en souriant, aux émotions du léger vertige qui éblouissait ses yeux et qui enveloppait son cerveau. Tandis qu'il contemplait cet abîme, profond de cent pieds, rempli d'hallucinations et de fantômes, par la clarté douteuse de la lampe, sans cesse tenue en mouvement, grâce aux oscillations de sa flamme et au caprice d'un courant d'air, il éprouvait de la joie à sentir son cœur battre d'une crainte d'enfant. Il se laissait encore aller, avec abandon, à ces sensations bizarres, lorsqu'il entendit un grincement de serrure. La porte à laquelle il avait sonné tournait sur ses gonds. Pour ne point se laisser surprendre dans sa naïve occupation, il releva vivement sa tête pleine de bourdonnements et dirigea ses regards éblouis vers la porte entr'ouverte. Il ne put réprimer une exclamation de surprise. Sur le seuil, se tenait Antoinette, mais Antoinette jeune et belle comme aux temps de leurs amours. C'était bien sa taille souple, son regard candide, ses longues et chastes paupières, son sourire ineffablement pur et sa belle chevelure noire, brillante, qui enveloppait, comme d'une auréole, l'ovale un peu allongé de son charmant visage. L'illusion devint encore plus complète lorsque la vision adressa la parole à M. d'Outrepont. C'était la mélodieuse voix d'Antoinette avec son accentuation méridionale à la fois nonchalante et vive; avec ses inflexions caressantes qui allaient au cœur. Le colonel se croyait le jouet d'un rêve ou d'un accès de folie; à peine, dans son trouble, put-il balbutier le nom de mademoiselle Lefébure.

— Veuillez entrer, monsieur, répondit la jeune fille, qui se mit à marcher devant lui, en l'éclairant du flambeau qu'elle tenait à la main. Elle ouvrit bientôt une seconde porte et introduisit Gaston dans une petite chambre où les prestiges qui troublaient sa raison se dissipèrent tout-à-coup. Mademoiselle Lefébure, assise devant une grande tab e et des besicles sur le nez, travaillait à une broderie.

Elle leva la tête, reconnut le colonel et se sentit, à son tour, presque aussi troublée que M. d'Outrepont l'avait été lui-même tout à l'heure. Des larmes emplirent ses yeux et elle s'élança au-devant de Gaston sans pouvoir proférer un seul mot, tant son cœur était serré de surprise et de joie.

— Merci! merci, mon ami, put-elle dire enfin en lui serrant la main.

Quand ses larmes se furent fait un passage :

— Merci, Gaston, répéta-t-elle. Mon Dieu, que vous me rendez heureuse!

Elle demanda ensuite avec tendresse et après une légère interruption :

— Vous ne m'avez donc point tout-à-fait oubliée ?

Puis se tournant vers la jeune fille :

— Joséphine, lui dit-elle, c'est Gaston... c'est M. d'Outrepont!

Joséphine jeta rapidement sur le député un regard à la fois curieux et affectueux.

— Vous êtes un de nos plus chers amis, monsieur, fit-elle en lui donnant la main. Ma tante m'a souvent parlé de vous avec tendresse ; vous ne sauriez être un étranger pour sa filleule et pour son enfant d'adoption.

— Hélas! interrompit mademoiselle Lefébure, Dieu sait que je n'osais plus espérer de le revoir!... Je ne pourrais dire tout ce que j'ai éprouvé en le rencontrant, il y a quelques jours, sur le boulevart.

Gaston s'assit gaîment entre les deux femmes, et prenant leurs mains dans les siennes:

— Maintenant que nous voici enfin réunis, répondit-il, nous nous verrons souvent, n'est-ce pas? Les jours où nous pourrons nous trouver ensemble deviendront des jours de bonheur.

En parlant ainsi il exprimait sincèrement sa pensée. La joie de mademoiselle Lefébure, en le revoyant, avait éveillé en lui une émotion sympathique. Ce qu'il éprouvait pour elle, maintenant, ne ressemblait plus en rien à ce qu'il ressentait encore tout à l'heure. D'abord, par une gradation de circonstances enchaînées les unes aux autres, il en était venu à une bienveillance à laquelle se mélangeait même de l'amitié. Après un quart d'heure passé entre les deux femmes, il se sentait au cœur une véritable tendresse pour elles. Joséphine était si jolie, si naïve, si pleine d'expansion et de gaîté, mademoiselle Lefébure joignait à une bonhomie qui ne manquait pas d'élévation, tant de force, de persévérance et de courage! Elle passa la soirée à raconter comment ni l'absence prolongée de Gaston, ni les bruits répandus d'un naufrage dont il aurait été victime, ni la volonté d'une famille irritée, ni même l'amour d'un jeune homme riche et ardemment épris, n'avaient pu la rendre infidèle au serment qu'elle avait fait. Elle attendait toujours Gaston avec une foi et une constance inébranlables. Cependant les années s'écoulaient, la jeunesse s'effaçait et l'âge mur avançait vers elle sans toutefois amener le regret. Alors de grands malheurs vinrent la frapper. Son frère unique, le colonel Lefébure, mourut, tué en Espagne à la tête de son régiment. Sa femme, frappée mortellement par cette fatale nouvelle, expira quelques mois après, en mettant au monde la pauvre Joséphine, et en priant pour son fils Charles, âgé de deux ans. Ce fut ainsi que mademoiselle Lefébure devint la mère de deux orphelins.

Dieu lui réservait encore d'autres épreuves ; sa fortune et celle de ses deux enfants se trouvaient confiées à un maître de forges qui jouissait de l'estime de toute la ville, et qui, par une catastrophe trop fréquente dans le département des Bouches-du-Rhône, fit faillite et disparut tout-à-coup, laissant derrière lui, dans la ruine et dans la désolation, de nombreuses familles, sans ressources et sans pain. A peine quelques mille francs restèrent-ils à mademoiselle Lefébure et à ses enfants ; encore ne put-elle les réaliser qu'en vendant son mobilier et la maison qu'elle occupait. Ensuite elle partit pour Paris avec Joséphine et Charles Gaston, pour chercher à y lutter par le travail contre l'adversité qui les menaçait.

— Charles-Gaston, continua-t-elle en rougissant, lorsque ses lèvres prononcèrent ce dernier nom donné par elle à son neveu, en souvenir de M. d'Outrepont, Charles-Gaston vient de terminer ses études. Il est entré courageusement comme caissier chez un négociant, ancien ami de notre famille. C'est un noble garçon, plein de courage et d'intelligence. Quant à Joséphine et à moi, vous le voyez, nous tâchons, à force de travail, de rendre plus supportable notre pauvreté : par malheur, les femmes ne peuvent guère opposer à l'adversité qu'une patience résignée et des efforts sans résultats bien efficaces. Voilà pourquoi, Gaston, je me suis enhardie l'autre jour à vous aller demander votre protection, quoique vous m'eussiez fait bien de la peine en passant près de moi sans me reconnaître. Et puis, votre accueil, chez vous, avait été un peu froid, je le croyais du moins... mais vous voici, vous êtes venu nous voir, vous vous trouvez là, entre nous deux, à m'écouter! Je ne ne saurais vous dire combien je suis heureuse!

M. d'Outrepont partageait le bonheur de mademoiselle Lefébure; il se sentait le cœur léger et l'âme satisfaite; une nuance de sensibilité lui faisait bien et rafraîchissait son cœur desséché par une longue habitude de dissipation, de frivolité et d'égoïsme.

Minuit arriva rapidement. Au moment de se séparer, tous les trois se sentirent pris de regrets; le temps s'était écoulé trop vite, au milieu de si bonnes causeries. Joséphine se sentait à l'aise près de M. d'Outrepont, comme près d'un ancien ami; elle jetait dans l'entretien de sa tante et du colonel de charmantes interruptions et riait, du meilleur de son cœur, aux plaisanteries que Gaston se complaisait à multiplier, pour provoquer ce bon rire. Le colonel se sentait en verve; les mots spirituels et plaisants lui venaient sans efforts; jamais il n'avait déployé, même aux temps de sa jeunesse, plus de grâce et d'esprit. Ils se quittèrent donc tous les trois, charmés l'un de l'autre, heureux et en s'exprimant le désir sincère de bientôt se revoir.

— Le monde et ses plaisirs n'ont rien qui vaille une pareille soirée, dit le colonel, aussi leur ferai-je plus d'une infidélité pour venir m'exposer aux taquineries de mademoiselle

Joséphine, et me consoler des mutines hostilités de votre nièce, près de vous ma bonne Antoinette.

— Allons, répliqua la jeune fille, en lui tendant sa main charmante, je vous pardonne et je vous promets une guerre encore plus acharnée, à votre première visite.

Il porta cette main à ses lèvres, et descendit, léger et dispos, les innombrables marches de l'escalier, non sans lever la tête et sans s'arrê;er pour répondre un adieu au bonsoir que lui envoyaient Antoinette et Joséphine appuyées sur la rampe.

En sortant de la maison, il chercha vainement une voiture. Il s'enveloppa de sa redingotte et se dirigea vers son hôtel des Champs-Elysées, à pied, et dans un état délicieux de bien-être qui ne tarda point à lui valoir un sommeil paisible et les plus doux rêves.

M. d'Outrepont ne différa point longtemps à venir de nouveau visiter mademoiselle Lefébure; peu à peu, il prit l'habitude de passer chez elle la plus grande partie de ses soirées. Quand, par hasard, ses affaires ou les devoirs du monde le retenaient loin de la rue Neuve-Hauteville, il ne pouvait se défendre d'un vague sentiment de contrariété. Antoinette et Joséphine éprouvaient, de leur côté, une véritable tristesse, lorsque Gaston n'arrivait point à l'heure accoutumée; la veillée se traînait avec lenteur et dans les irritantes anxiétés d'une attente déçue. Le colonel était la seule personne qu'elles reçussent ainsi dans leur intimité; il donnait, par ses piquantes causeries, de l'animation et de l'intérêt à leur existence solitaire et laborieuse, et savait par mille moyens ingénieux consoler leur pauvreté. Il n'arrivait guère sans apporter des livres pour mademoiselle Lefébure et des fleurs pour Joséphine; peu à peu les prix qu'elles recevaient de leurs ouvrages de broderies et de couture s'étaient accrus de beaucoup, grâce aux femmes des amis de M. d'Outrepont, qui, disait-il, le chargeaient de confier des travaux à ses protégées.

Le petit appartement se ressentit de ces améliorations de fortune, prit insensiblement un aspect plus riant et se peupla de meubles simples, mais confortables.

Mademoiselle Lefébure recevait avec attendrissement les témoignages de l'affection de Gaston. Sans s'arrêter à des illusions mensongères, elle comprenait que l'âge et les disproportions de la fortune rendaient impossible aujourd'hui la réalisation des rêves auxquels elle avait jadis fait tant de sacrifices. Mais quelle que fût la rectitude de son jugement et la force de sa raison, elle ne pouvait se défendre d'un battement de cœur lorsqu'elle entendait résonner, dans l'escalier, les pas du seul homme qu'elle eût jamais aimé. Ce bruit amenait également, sur les joues de Joséphine, une rougeur que celle-ci cherchait à cacher en s'élançant vers la porte pour ouvrir

à Gaston. Un mois s'écoula de la sorte, resserrant de plus en plus l'intimité de ces trois personnes, qui s'abandonnaient au charme de leur liaison, sans arrière-pensée, et sans chercher à s'en rendre compte, pas même Gaston.

Un soir, qu'il avait été empêché, par un voyage de quelques jours, de se rendre chez Antoinette, il sut disposer si bien ses affaires et payer si généreusement les postillons, qu'il abrégea de douze heures son absence. En descendant de voiture, il se dirigea gaîment vers la rue Neuve-Hauteville, tout joyeux de la surprise qu'il allait causer à Joséphine et à sa tante. Lorsqu'il arriva sur la place Lafayette, il leva la tête et vit la petite fenêtre éclairée comme d'habitude.

Le colonel s'amusait à chercher à travers les vitres si son regard saurait distinguer quelque chose des traits de mademoiselle Lefébure et de la jeune fille, lorsque tout-à coup il vit nettement, parmi les ombres qui passaient et s'effaçaient derrière le rideau transparent, se détacher le profil d'un homme. Il s'arrêta, la poitrine oppressée; une commotion intérieure frappa son cerveau ; ses jambes se dérobèrent sous lui, tandis qu'une sueur glacée mouillait son front , et qu'un frisson parcourait tout son corps.

L'ombre masculine qui avait disparu se remontra de nouveau, distincte, irrécusable. Elle s'agitait sans cesse, grandissait tantôt d'une façon démesurée, et tantôt venait se coller sur le rideau, comme pour mieux y dessiner le contour de ses cheveux et de ses moustaches. D'abord, devant cette vision, M. d'Outrepont resta immobile et anéanti. Tout-à-coup, il se mit à courir plutôt qu'à marcher vers la porte de la maison. Cette porte s'ouvrit brusquement, et le colonel se trouva, comme autrefois, rue du Helder, chez Célestine, face à face avec le même jeune homme. Seulement, les rôles étaient changés cette fois. C'était M. d'Outrepont qui arrivait et le jeune homme qui sortait. Il le fit même si précipitamment qu'il faillit, dans sa brusque préoccupation, renverser le visiteur nocturne.

— Pardieu, murmura Gaston en cherchant à rire de sa déconvenue, voici un gaillard destiné à se trouver souvent sur mon passage. Allons! j'ai eu tort de presser les postillons et de tant me hâter de revenir. Je n'ai que faire ici; allons à l'Opéra!

En effet, il se dirigea vers l'Opéra. En proie à une irritation fiévreuse, il ne pouvait prendre son parti de cette mystification nouvelle, comme il l'avait fait naguère pour la trahison de Célestine. Cependant, quelle déception éprouvait-il? Quel motifs de colère avait-il le droit de ressentir contre mademoiselle Lefébure et contre sa nièce! N'étaient-elles point libres de recevoir qui bon leur semblait?.... Mais ce jeune homme! l'amant de Célestine? un débauché!... Pourquoi n'ont-elles jamais parlé de lui? Ce mystère? cette visite faite précisément pendant son absence!... Allons, il n'aura pas du moins été pris pour dupe cette fois!... Les femmes! ah! les femmes?

En tourmentant dans son cerveau ces pensées, il s'agitait sur sa stalle; la musique l'obsédait; la danse lui semblait d'autant plus insupportable qu'il y voyait figurer Célestine, dont le regard semblait railler la nouvelle déconvenue de son ancien amant. Il se leva, sortit pour aller respirer plus librement dans la rue, marcha au hasard et se retrouva place Lafayette, sous les fenêtres de madame Lefébure.

— Je suis curieux de savoir l'accueil qui m'attend là haut, se dit-il. Pour expier ma ridicule crédulité et ma confiance obstinée dans les femmes, il faut que j'aille me livrer, encore une fois, aux mystifications de ces dignes personnes : la chose en vaut la peine et sera amusante.

En pensant ainsi, ses dents grinçaient et il escaladait avec une rage secrète les marches de l'escalier, sans s'arrêter pour reprendre haleine, et sans songer, cette fois, à s'occuper des jeux d'ombres et de lumières produits par la lampe.

Lorsque, suivant son habitude, Joséphine vint ouvrir au colonel, elle ne témoigna à la vue de Gaston, qu'elle devait supposer absent, ni surprise ni joie. Seulement elle s'efforça de sourire, mais son sourire n'avait rien de plus sincère que l'accueil témoigné par mademoiselle Lefébure à M. d'Outrepont. Cet accueil se ressentait également de la tristesse et de la contrainte que le colonel avait remarquées chez Joséphine. Les deux femmes avaient pleuré ; les traces de leurs larmes se lisaient encore facilement sur leurs yeux gonflés et rougis.

— Qu'avez-vous donc ce soir? leur demanda Gaston. Vous semblez affligées ? Vous avez pleuré ? vous pleurez encore en ce moment ! je vois Joséphine qui détourne la tête pour cacher ses larmes.

— Ce n'est rien, bégaya Antcinette, rien, je vous l'assure. Votre voyage s'est-il heureusement passé? Vous voici de retour plus tôt que nous ne l'espérions ; merci de votre bonne visite !

En parlant ainsi, elle ne pouvait retenir les larmes qui ruisselaient sur ses joues.

— Ma présence vous gêne, je le comprends, répliqua le colonel. Puisque vous ne jugez point convenable de m'apprendre le sujet de vos chagrins, je me retire; peut-être le jeune homme que j'ai vu sortir tout-à-l'heure de chez vous a-t-il été plus heureux que moi?

Joséphine, à ces mots, releva la tête et attacha sur M. d'Outrepont un regard où se lisait la surprise.

— C'est une de mes vieilles connaissances, continua M. d'Outrepont en voyant qu'il avait frappé juste. Il a dû vous compter ses nombreuses aventures galantes et surtout ses succès de la rue du Helder.

— Mon frère! demanda Joséphine, qui

comprit enfin la pensée de Gaston. Mon frère, repéta-t elle avec une expression de reproche.

Puis d'autres pensées s'emparèrent d'elle; ses larmes recommencèrent à couler avec plus d'abondance, et elle murmura :

— Mon frère! mon pauvre frère!

M. d'Outrepont, bourrelé depuis une heure par tant de vives et de pénibles émotions, faillit succomber à la joie qui lui causèrent ces paroles. Il gagna la fenêtre en chancelant, l'ouvrit pour respirer avec plus de liberté et revint ensuite, la poitrine libre et le front dégagé, s'asseoir à sa place habituelle, entre Joséphine et Antoinette.

— Voyons, dit-il avec effusion, ne suis-je point un assez vieil ami de la famille pour que vous me confiiez vos chagrins? Peut-être saurai-je trouver quelque moyen d'y remédier.

— Hélas! répliqua mademoiselle Lefébure, nous ignorons nous-mêmes la cause du désespoir de ce pauvre enfant. Depuis un mois, il n'était point venu nous voir; il nous avait écrit que son patron l'avait chargé d'aller faire plusieurs recouvrements à soixante lieues de Paris. Nous le croyions absent et voici que ce soir il arrive tout-à-coup pâle et désolé. Il nous embrasse avec désespoir, nous parle d'absence nouvelle et nous apprend, dans le désordre de ses idées et de ses paroles, qu'il n'avait pas quitté Paris, comme il nous l'avait dit. Il demande pardon, à sa sœur et à moi ; enfin il nous quitte brusquement, malgré nos prières et nos larmes, sans rien nous apprendre des causes de son chagrin. De sinistres inquiétudes m'obsèdent, il faut que j'aille chez lui ; je ne veux point l'abandonner à lui-même dans l'état d'exaltation où il se trouve.

Gaston ne comprit que trop la cause du désespoir de Charles. Célestine avait passé par là.

— Vous avez raison, je pense, continua-t-il : venez avec moi, nous nous rendrons chez votre neveu : peut-être connais-je les moyens de l'obliger à parler. Je crois savoir une partie de son secret, et il faudra bien qu'il nous livre l'autre. Venez, Antoinette.

Joséphine prit la main de M. d'Outrepont, tandis que mademoiselle Lefébure faisait à la hâte ses dispositions pour sortir.

— Merci, dit-elle avec effusion, merci! Vous êtes un ami sincère et dévoué.

En parlant ainsi, ses traits charmants resplendissaient d'une expression angélique. Le colonel, ému, posa ses lèvres sur le front de la jeune fille, et offrant son bras à mademoiselle Lefébure :

— Allons, dit-il, partons, ne perdons point de temps.

Ils descendirent les six étages, gagnèrent une place de fiacres, montèrent en voiture, et se dirigèrent vers le quartier solitaire et voisin de la place Royale qu'habitait Charles. Chemin faisant, M. d'Outrepont songeait plus à la sœur qu'au frère, tandis qu'Antoinette priait avec ferveur et demandait à Dieu de détourner les périls qui menaçaient l'orphelin. Joséphine, restée seule au logis, priait également et unissait dans ses prières, le nom de Gaston aux noms de son frère et de sa tante.

Ils arrivèrent enfin rue du Pas-de-la-Mule,

devant une petite maison d'apparence assez chétive, près du seuil de laquelle s'élevait un de ces hauts bancs de pierre auxquels cette rue doit son nom, et dont jadis se servaient les bourgeois pour se hisser sur leur monture. Mademoiselle Lefébure s'élança du fiacre avec une précipitation fiévreuse et heurta si vivement le marteau de la porte qu'elle excita la mauvaise humeur du portier; tandis que cet homme ouvrait en maugréant, la vieille fille répétait sans cesse une question à laquelle ne répondait point le bourru :

— Monsieur Charles Lefébure est-il chez lui?

— Ah! sait-on jamais s'il se trouve chez

lui ou s'il ne s'y trouve pas? s'écria enfin l'homme au cordon. Des semaines entières se passent quelquefois sans qu'il paraisse dans la maison.

Antoinette joignit les mains avec une surprise mêlée de désespoir, et Gaston ne put réprimer un sourire. Il ne savait que trop, hélas! les motifs de ces irrégularités qui scandalisaient tant mademoiselle Lefébure.

— Que faire? dit-elle en se tournant vers Gaston; que faire, mon Dieu?

Le portier dirigea la lumière de la lanterne qu'il tenait à la main vers le compagnon de la vieille fille. En voyant la rosette d'officier de la Légion-d'Honneur qui brillait à la boutonnière du colonel, il sentit sa mauvaise humeur s'apaiser, ôta sa casquette et reprit :

— Si monsieur et madame veulent monter au sixième, je crois qu'ils y trouveront M. Charles : je pense l'avoir vu rentrer tout à l'heure.

A ces mots, mademoiselle Lefébure s'élança dans l'escalier, sans réfléchir qu'il n'était pas éclairé, et qu'elle ne saurait manquer de trébucher dès les premiers pas. Gaston prit des mains du portier une lanterne que celui-ci lui présenta, et suivit Antoinette qui gravissait les marches avec vivacité. Ils arrivèrent enfin, Gaston haletant, et mademoiselle Leféburc presque défaillante. Une seule porte s'ouvrait sur l'étroit carré du dernier étage; mademoiselle Lefébure retrouva quelque force pour frapper à cette porte.

On ne répondit point.

Elle répéta quelques secondes après ce premier appel en l'accentuant plus fort.

On ne répondit pas davantage.

— Charles! s'écria-t-elle ensuite; Charles! ouvre-moi, mon enfant! C'est ta tante, mon ami! Ouvre!

Rien ne troubla le silence qui se fit ensuite.

si ce n'est le cœur de la pauvre femme dont on entendait les battements impétueux.

Elle chercha à voir si son œil n'apercevrait point à travers les fissures de la porte ou par le trou de la serrure quelque lumière qui lui révélât la présence de Charles.

— Rien, murmura-t-elle, rien.

Gaston pensa qu'il pourrait bien indiquer, lui, en quels lieux se trouvait sans doute le jeune homme.

— Ne vous désespérez point, dit-il, j'ai quelque espoir de vous ramener tout à l'heure votre neveu.

— Vous ne voudriez pas me tromper, n'est-ce pas, Gaston? Ce serait horrible, voyez-vous!

Il répondit gravement :

— Je connais une personne... de ses amies! Assurément elle me donnera les moyens de le trouver et de vous l'amener.

— Chut! interrompit mademoiselle Lefébure, chut! N'avez-vous point entendu? Une plainte vient d'arriver jusqu'à nous.

M. d'Outrepont prêta l'oreille; un faible gémissement, un soupir étouffé parut sortir de la chambre de Charles. Mademoiselle Lefébure frappa de nouveau, et cette fois avec plus de vivacité.

— Le drôle n'est peut-être point seul, pensa le colonel. Mais non, cela n'est point possible. Dix heures sonnent à peine, et le corps de ballet danse un pas d'ensemble à la fin de *la Révolte au Sérail*.

En terminant ce monologue mental. il s'approcha de la porte, comme l'avait fait tout-à-l'heure mademoiselle Leféburé : une odeur nauséabonde le prit à la gorge.

— Tout ceci devient sérieux, s'écria-t-il.

Et appuyant énergiquement son épaule contre la porte, il parvint après quelques efforts à faire sauter la serrure. La porte s'ouvrit tout-à-coup : Gaston s'élança dans la chambre, brisa la fenêtre d'un coup de poing et reparut tenant dans ses bras Charles sans mouvement et pâle comme un cadavre.

— Il est mort ! bégaya mademoiselle Lefébure avec une expression déchirante de désespoir.

— Non, interrompit Gaston, nous le sauverons ! Maintenant que les gaz délétères du charbon se sont évaporés par la fenêtre, aidez-moi à le replacer un instant sur son lit ; suivez à la lettre mes instructions, et je vous réponds de sa vie. Point de bruit ! point d'agitation inutile ! N'appelons pas sur ce qui vient de se passer la curiosité dangereuse des voisins.

Mademoiselle Lefébure avait retrouvé le calme et le sang-froid qui ne font jamais défaut aux femmes dans les moments de danger. Elle écouta et comprit les prescriptions que lui donnait M. d'Outrepont, les suivit à la lettre et l'aida, avec une rare intelligence et sans excès de zèle. Elle comprenait avant qu'il n'eût parlé, et n'allait jamais au-delà de ses ordres.

Une heure après, Charles, dont heureusement l'asphyxie n'avait point fait encore de progrès irrémédiables, reprit connaissance, s'efforça de sourire à sa tante et parut vivement étonné en reconnaissant M. d'Outrepont. Ce dernier lui serra silencieusement la main et continua son office de docteur.

— Maintenant, dit-il, quand une demi-heure se fût encore écoulée, voici notre malade hors de danger. Je désire, et j'ordonne au besoin de mon autorité de médecin, que M. Charles descende avec nous pour venir rassurer sa sœur. En arrivant chez sa tante, il se mettra immediatement au lit et s'abandonnera aux soins que je vais prescrire. Pas une question sur les motifs de cette folle équipée ne lui sera faite par mademoiselle Antoinette, sous peine de détruire les effets heureux de ma cure. A demain les affaires sérieuses! Je permets seulement à ma digne amie d'apprendre à son neveu qu'il doit compter sur mon affection, comme toute sa famille, et que je n'ai point tellement oublié les extravagances de ma jeunesse que je n'en aie gardé une ample provision d'indulgence pour les folies d'un jeune écervelé.

En achevant ces mots, il aida Charles à descendre, l'installa le plus commodément possible dans un fiacre et le ramena rue Neuve-Hauteville. Là, il prit congé de mademoiselle Lefébure et donna au cocher l'ordre de le conduire à l'Opéra.

— Vraiment, se dit-il, voici une soirée bien fantastique et bien imprévue. Je nage en plein roman. J'ai servi de compagnon et de chevalier à une vieille fille; j'ai sauvé la vie à mon rival; j'ai enfoncé une porte rue du Pas-de-la-Mule et j'en ai raccommodé la serrure !

M. d'Outrepont, en effet, avant de quitter la chambre de Charles, avait ravitaillé du moins mal possible la serrure à demi-brisée, afin que personne ne pût s'apercevoir des moyens violens qu'on avait mis en œuvre pour entrer.

En achevant ces réflexions qu'il s'adressait à lui-même, le colonel rentra à l'Opéra, reprit possession de sa stalle habituelle, et ne tarda point à vivement applaudir la Taglioni, qui dansa ce soir avec plus de charme et de poésie que jamais.

IV

UN DÉPART PROJETÉ.

On jouait ce soir-là, pour la seconde fois, la *Révolte au Sérail* : l'exécution d'un ballet nouveau offrant à l'intérêt un peu blasé de M. d'Outrepont beaucoup de ces détails si piquants pour les habitués de l'Opéra, et qui échappent aux spectateurs vulgaires, exclusivement occupés de l'ensemble. Le colonel, pendant l'entr'acte, rencontra au foyer plusieurs de ses collègues, des artistes, tout ce monde enfin qui, pendant l'hiver, fait du foyer le centre de causeries le plus spirituel et le plus amusant. Au milieu de vingt entretiens rompus, et repris, de cent personnes qui, fatiguées du labeur et des soins de la journée, rejettent gaîment au lendemain les affaires sérieuses et dépensent avec une folle insouciance le peu d'heures de relâche que leur laisse une existence sévère, le colonel ne tarda point à oublier Antoinette, Joséphine et le triste spectacle de ce jeune homme qui avait voulu mourir. La vie est ainsi faite pour les hommes jetés dans les vicissitudes et les périls de la politique ou des affaires. Soldats exposés sans cesse aux blessures ou à la mort, ils donnent à peine un regard de pitié à ceux qui tombent près d'eux; ils serrent les rangs et marchent en avant, ne songeant qu'à eux-mêmes et oublieux des cadavres ou des mourants qu'ils laissent par derrière ou qu'ils foulent aux pieds.

Gaston rentra donc chez lui, l'esprit libre et le cœur léger : il ne pensait qu'au bien-être de la bonne nuit qui l'attendait. Si le souvenir de sa soirée et des douleurs de la famille arlésienne apparaissait parfois dans sa vague pensée, c'était pour murmurer doucement à son oreille : ainsi les plaintes de la pluie bercent délicieusement ceux qui dorment sous un toit protecteur et qui se disent : les voyageurs qui sont en ce moment exposés à l'orage doivent bien souffrir; oh! qu'un lit et un abri sont bons!

Tandis que M. d'Outrepont dormait d'un sommeil profond et doux, mademoiselle Lefébure et Joséphine veillaient près de Charles. L'énergie factice qui avait permis au neveu d'Antoinette de quitter sa chambre et de se rendre chez sa tante n'avait pas été de longue durée. A la fièvre et à la force décevante qu'elle produit avait succédé l'abattement. Etendu sur le lit de sa sœur, il recevait avec une somnolente apathie les soins affectueux des deux femmes, répondait à leurs questions par des monosyllabes murmurés d'une voix affaiblie et finit par détourner la tête, en fermant les yeux, pour se soustraire à leur inquiète tendresse. Parfois il faisait un effort, se soulevait sur son lit et cherchait à les rassurer par de bonnes paroles; mais un évanouissement suivait presque toujours ces tentatives au-dessus de ses forces; quand le jeune homme reprenait connaissance, il voyait sa tante et sa sœur désolées qui s'empressaient aussitôt d'essuyer leurs larmes.

La nuit se passa ainsi. Lorsque le jour parut, Charles voulut, malgré les supplications de ses deux gardes-malade, quitter son lit et prendre ses vêtements. Il ne put néanmoins, sans le secours de Joséphine, s'habiller et gagner un fauteuil, où il tomba plutôt qu'il ne s'assit.

—Fais avancer une voiture de place, chère

Finette, dit-il, en se servant pour nommer sa sœur d'un de ces charmants diminutifs qui n'appartiennent qu'à la langue provençale.

— Vous êtes encore trop faible pour nous quitter, allégua mademoiselle Lefébure. Ne hasardez point une tentative qui peut rendre à votre indisposition toute sa gravité.

— Je me sens mieux, répliqua le jeune homme en passant ses mains tremblantes sur son front pâle et fatigué. Le grand air achèvera de dissiper la faiblesse que j'éprouve encore.

En disant ces mots, il se souleva et essaya de se soutenir sur ses jambes chancelantes.

— Ne sors pas, frère, reprit Joséphine, ne sors pas ! je te le demande en grâce, ajouta-t-elle en appuyant sa jolie tête blonde sur l'épaule de son frère, qu'elle entoura affectueusement de ses bras.

Il se dégagea des étreintes de sa sœur, et cette fois ce fut avec brusquerie.

— Il faut que je sorte ! s'écria-t-il, il le faut !

Mademoiselle Lefébure, pendant cette lutte entre Joséphine qui retenait son frère en pleurant, et Charles qui voulait s'arracher de ses bras, regardait avec anxiété le jeune homme, qui parvint à repousser sa sœur et à s'approcher de la porte. La vieille fille se plaça devant son neveu et, l'arrêtant par un geste plein d'autorité :

— Vous ne sortirez pas, dit-elle, je ne le veux pas.

— Je sortirai, dussé-je, ma tante, vous arracher de cette porte! répliqua-t-il avec exaspération : je sortirai!

— Alors vous foulerez aux pieds la sœur de votre mère, répondit-elle avec calme.

Elle ferma la porte au double tour, mit la clé dans son sein et alla s'asseoir dans le fauteuil que Charles venait de quitter; il attacha sur elle des regards égarés, cacha son visage dans ses mains et retomba sur le lit.

Elle reprit d'une voix altérée :

— Vous voulez mourir! croyez-vous que je ne lise pas dans votre pensée? je dois vous sauver de votre folie, puisque vous n'avez plus assez de tendresse pour songer à la protection que vous devez à votre sœur; puisque vous n'avez plus assez de raison pour ne pas oublier vos devoirs envers Dieu.

— Eh bien! soit! bégaya d'une voix émue le malheureux jeune homme; eh bien! soit! Vous le voulez, j'attendrai ici les gendarmes qui sans doute ont déjà reçu l'ordre de m'arrêter : j'attendrai ici le déshonneur!

— Que dit-il? mon Dieu! que dit-il? demanda Joséphine en joignant les mains avec désespoir. Oh! c'est le délire qui le fait parler ainsi, n'est-ce pas ma tante?

— Laisse-moi seule près de ton frère. Il faut que je cause avec lui sans témoin. Quitte-nous un moment, va, mon enfant.

Joséphine prit la main de son frère et se rapprocha de lui.

— J'aurai du courage, ma tante..... Vous, vous serez bonne pour lui, n'est-ce pas? répondit-elle.

En parlant ainsi, elle pouvait à peine réprimer ses sanglots.

Mademoiselle Lefébure passa son bras autour de la taille de Joséphine, l'embrassa et l'emmena dans la pièce voisine. Là, elle l'embrassa de nouveau, et toutes les deux confondirent leurs larmes pendant quelques instants.

Mademoiselle Lefébure rentra ensuite dans la chambre à coucher. Charles venait d'ouvrir la fenêtre, et monté sur une chaise, s'apprêtait à s'élancer dans la rue. Elle l'arrêta avec un sang froid plein de désespoir.

—Attendez, dit-elle; peut-être est-il encore quelque moyen de vous sauver; vous avez parlé de déshonneur et des poursuites de la justice; qu'avez-vous fait, infortuné, et n'est-il doncpoint à votre faute d'autre remède qu'un nouveau crime?

Il la regarda en face, l'œil fixe et les lèvres agitées par un mouvement convulsif. Tout-à-coup il se prit à rire d'un rire affreux, et ces mots s'échappèrent de sa bouche, par saccades :

— J'ai volé six mille francs dans la caisse qui m'était confiée!

La force qui jusqu'alors avait soutenu la pauvre femme l'abandonna tout-à-fait. Elle pâlit et se traîna vers la fenêtre, pour que l'air ranimât ses forces prêtes à lui manquer.

— Oui, continua-t-il avec un sang froid effrayant. Une personne que j'aime allait être emprisonnée par ses créanciers; les recors étaient là. Elle pleurait, elle demandait en grâce quelques jours, certaine qu'elle était, disait-elle, de pouvoir payer avant la fin de la semaine; je l'ai crue; j'ai emprunté la somme à la caisse de mon patron. Rien ne m'a été rendu. C'est aujourd'hui le 30, jour d'échéance. Vous voyez bien qu'il ne me reste plus qu'à mourir.

Elle avança la main vers lui.

— Attendez, dit-elle, attendez! Laissez-moi rassembler mes idées; ce coup affreux les a cruellement troublées! Une pareille somme! jamais nous ne pourrons la payer.

Il haussa les épaules avec impatience et fit un pas vers la porte.

— Dans une heure, continua-t-il, peut-être avant, le négociant, mon patron, s'apercevra du vol.

— Une heure ! s'écria-t-elle, une heure ! mon Dieu je puis encore le sauver. Une heure ! Charles, jurez-moi par le souvenir de votre mère, par votre sœur, par la tendresse que je vous ai vouée depuis votre enfance, jurez-moi de ne point attenter à vos jours avant une heure.

Il le promit avec un sourire plein de doute et d'amertume.

— Je vous sauverai, continua-t-elle, attendez-moi ici : je serai bientôt de retour; je vous rapporterai l'honneur et la vie, mon enfant, Dieu m'inspire, je réponds de ton salut!

Elle l'embrassa avec émotion, et sans prendre le temps de couvrir sa tête d'un chapeau et de s'envelopper d'un châle, elle sortit précipitamment, descendit l'escalier avec une légèreté dont on n'eût point cru capable une personne de son embonpoint, et s'élança hors de chez elle, marchant ou plutôt courant à travers les rues.

Elle ne tarda point à rencontrer un cabriolet de remise et lui fit signe de s'arrêter.

— Dix francs pour vous, cria-t-elle, si nous

arrivons avant un quart d'heure, rue d'Angoulême-Saint-Honoré.

Et comme le cocher la regardait avec surprise, croyant avoir affaire à une folle, elle escalada le marchepied, souleva le tablier, s'assit et fit reluire deux pièces de cinq francs aux yeux de l'automédon en carrick.

— Rue d'Angoulême Saint-Honoré! répéta-t-elle.

Il la regarda de nouveau, fouetta son cheval et le fit partir avec une vitesse que mademoiselle Lefébure accusait néanmoins de lenteur.

Ils arrivèrent bientôt rue d'Angoulême-

Saint-Honoré, et le cocher tira triomphalement sa montre. Dix minutes s'étaient à peine écoulées depuis leur départ, mademoiselle Lefébure jeta les deux pièces d'argent à cet homme, sauta à terre, tira vivement la sonnette de l'hôtel, sans tenir compte des questions du concierge, et courut à l'escalier qui menait à l'appartement de M. d'Outrepont. Déjà elle avait ouvert la porte de l'antichambre et du salon, lorsqu'elle se trouva face à face avec Jean, surpris du tapage qu'il entendait chez son maître.

Quelque bienveillance que le valet de chambre éprouvât pour sa compatriote, il ne put s'empêcher de lui barrer le passage, en fronçant le sourcil.

— Vous allez réveiller le colonel ! dit-il, comme s'il se fût agi de prévenir une catastrophe.

Et il obligea mademoiselle Lefébure à rentrer dans le salon.

Il faut que je lui parle, il le faut à l'instant ! s'écria-t-elle; chaque minute, chaque seconde de retard peut causer les malheurs les plus funestes.

— Cette affaire intéresse donc bien M. d'Outrepont ? demanda Jean stupéfait.

— Il ne vous pardonnerait jamais le retard que vous me causez.

Jean la regarda avec hésitation : il y avait dans l'expression qui animait le visage de mademoiselle Lefébure une conviction si profonde que le valet de chambre quitta le bouton de la porte qu'il tenait à la main, se rangea de côté et livra passage à la vieille fille : celle-ci se rua dans la chambre de son ancien fiancé.

Une obscurité profonde régnait dans cette pièce dont les fenêtres étaient fermées hermétiquement par des volets en chêne et de triples rideaux. Aveuglée par la brusque transition d'un jour vif à une nuit véritable, Antoinette, malgré la clarté que jetait l'ouverture de la porte, chercha à tâtons, pendant quelques instants, le lit du colonel : bientôt ses mains rencontrèrent les couvertures.

— Gaston ! s'écria-t-elle, Gaston, au nom du ciel, éveillez-vous !

M. d'Outrepont, qui s'était couché à deux heures du matin, et qui n'avait point l'habitude de s'entendre brusquemem réveiller à six heures, souleva la tête et entr'ouvrit les yeux. Mais ce fut pour reprendre aussitôt sur l'oreiller sa première attitude, et pour refermer ses paupières encore chargées de sommeil.

— Gaston ! Gaston ! répéta mademoiselle Lefébure : Gaston, au nom du ciel, réveillez-vous et écoutez-moi.

Cette fois M. d'Outrepont se réveilla tout-à-fait. Le vent de la porte tomboit perfidement sur son épaule découverte, et commençait à ranimer les douleurs d'un rhumatisme contracté jadis dans les bivouacs des camps; glorieux mais fâcheux *memento* des campagnes du colonel.

— Qui donc a laissé cette porte ouverte? demanda-t il avec mauvaise humeur; ma chambre est-elle devenue une place publique?

— Gaston! répéta mademoiselle Lefébure, Gaston, c'est moi! moi Antoinette! moi l'amie de votre jeunesse!

Ce rapprochement fit sourire le colonel.

— Je ne m'attendais guère, pensa-t-il, à recevoir un jour, avec si peu de plaisir, sa visite dans ma chambre à coucher.

Il replaça sur son épaule la couverture que la main de mademoiselle Lefébure en avait involontairement écartée et reprit :

— Quoi donc peut vous amener à pareille heure chez moi?

— Je viens vous supplier de m'accorder une grâce! je viens vous la demander à genoux; au nom de cet amour d'autrefois, de cet amour auquel rien n'a su me rendre infidèle.

— Parlez. Vous savez quelle est mon affection pour vous! Je suis prêt à vous en donner toutes les preuves... même celles que vous venez me demander ce matin.

— Il me faut six mille francs à l'instant même, dit mademoiselle Lefébure; il me les faut, Gaston!

A ces mots le colonel se redressa et sentit une sorte de malaise électrique se répandre dans toute son organisation.

— Six mille francs! répéta-t-il d'un ton froid et presque mécontent. Que diable voulez-vous faire de cette somme, et pourquoi venir me la demander à pareille heure! Ne pouviez-vous du moins attendre que je fusse éveillé?

Une larme coula sur les joues de la pauvre femme. Elle sentit son cœur se serrer d'indignation ; mais elle repoussa ce sentiment personnel pour ne songer qu'à son neveu.

— Gaston, répondit-elle, si je viens à vous, c'est que vous seul pouvez me sauver. Je ne saurais point révéler quels sont les motifs qui me font vous demander cette somme; je ne saurais vous dire qu'une seule chose : vous me condamnez pour toujours au malheur, en me refusant.

M. d'Outrepont, en se trouvant ainsi acculé, comprit qu'il ne pouvait refuser, sans une rupture ouverte et peu honorable. Il grommela quelques jurons en lui-même, les accompagna, par un retour de ses habitudes militaires, du mot trivial et offensant de *carotte*, et se résigna à donner la somme demandée par Antoinette, comme il s'était résigné tant de fois aux extorsions de Célestine.

— Vous me permettrez du moins de me lever pour aller à mon secrétaire, dit-il d'assez mauvaise grâce : passez un instant dans mon salon, je vais vous y rejoindre.

La pudique et sainte fille sortit à regret de la chambre du colonel, en chemise; c'était encore de nouveaux instants de retard ! Impatiente, l'oreille aux aguets près de la porte, elle écoutait le bruit que produisaient les mouvements de M. d'Outrepont qui se levait, et ne se sentit rassurée qu'en entendant les grincements de la clé qui tournait dans la serrure du secrétaire. Enfin, les pas du colonel froissèrent de nouveau le tapis et se dirigèrent vers la porte. Il parut sur le seuil, tenant les six billets à la main. Antoinette les saisit, ou plutôt les lui arracha.

— Merci, cria-t-elle, merci ! Et joyeuse, affolée, elle s'enfuit.

— A qui désormais croire, mon Dieu ! se demanda M. d'Outrepont en regagnant son lit et en sonnant son valet de chambre pour qu'il lui allumât du feu.

Une fois recouché, il se prit à rire, et pensa avec résignation à l'argent qu'il venait de donner.

— Je suis curieux de savoir quelle histoire me contera demain cette femme pour expliquer sa demande...

Un sourire de satisfaction éclaira tout-à-coup son visage.

— Que je suis niais! dit-il; peut-être ai-je fait un excellent placement? Peut-être?...

Si bien que Jean, qui s'attendait à une boutade de son maître, le trouva en rentrant, de la meilleure humeur du monde et ne reçut aucune réprimande sur le peu de soin qu'il mettait à défendre la porte de son maître.

Cependant mademoiselle Lefébure, comme une insensée, s'enfuyait, de l'hôtel de M. d'Outrepont, et arrivait au pas de course dans les Champs-Elysées. Le visage couvert d'une éclatante rougeur, son bonnet en désordre, elle empêtrait à chaque instant ses pieds dans les plis de son châle qui avait glissé de ses épaules, et qu'elle ne songeait même pas à relever. En allant ainsi, elle portait autour d'elle ses regards et semblait chercher avec anxiété quelqu'un ou quelque chose. Tout-à-coup, elle jeta un cri, releva son châle autour de sa taille, sans tenir compte de la boue qui le souillait, et se prit à donner à sa course une rapidité plus grande encore. Elle venait d'apercevoir, au loin et stationnant devant un cabaret, le cabriolet qui l'avait amenée. Le cocher, dont la course avait été si généreusement payée, se réjouissait de cette excellente aubaine, en vidant une bouteille de vin.

— Ah! voici ma vieille! Sapristi! comme elle court, quoiqu'elle ne soit guère taillée pour ce genre d'exercice.

— Vite! vite! murmura d'une voix étouffée mademoiselle Lefébure, vite!

— Combien payez-vous cette fois la course? demanda le cocher que le vin blanc du matin avait mis en belle humeur.

Elle fit un effort violent peur répondre :

— Ce que vous voudrez, — et tomba presque évanouie dans le cabriolet qu'elle venait d'escalader.

— Vous payez bien, on va vous mener rondement, reprit l'automédon.

Il saisit la bride, appliqua à son cheval un coup de fouet et partit.

Quelque rapidement que fût parcourue la distance qui séparait la place Lafayette de la rue d'Angoulême, ce temps suffit pour rendre à la poitrine d'Antoinette un peu de souffle et à son esprit un peu de calme. Elle donna sa dernière pièce de cinq francs au cocher qui se trouva très-mal payé cette fois, et gravit rapidement les six étages qui menaient chez elle.

Joséphine attendait sa tante avec anxiété sur le seuil de l'appartement. Deux fois Charles avait voulu s'échapper, et les larmes de sa sœur avaient à peine pu le retenir. Dès qu'il entendit les pas de sa tante dans l'escalier, il s'élança vers elle.

— Sauvé! sauvé! s'écria-t-elle en montant l'escalier.

Il n'osait en croire ce qu'il entendait.

Mademoiselle Leféburе, les billets de banque à la main, les agitait en l'air par un geste de triomphe, et ne cessait de répéter : sauvé! sauvé!

— Eh bien! demanda-t-elle à son neveu, qu'elle entraîna dans le petit salon, veux-tu encore mourir? doutes-tu encore, ingrat, de la miséricorde de Dieu?

Il répondit :

— Oui, j'ai été un ingrat de douter de vous; de vous, ma seconde mère; de vous, dont la vie entière n'a été qu'un acte sublime d'abnégation et de sacrifices.

En disant cela, il couvrait de larmes et de

baisers les mains de sa tante ; Joséphine embrassait tour-à-tour avec effusion son frère et mademoiselle Lefébure.

— Allons, reprit cette dernière, il est temps, Charles, de vous rendre à votre bureau. Prenez un cabriolet et hâtez-vous ; sept heures vont sonner, et, ajouta-t-elle en souriant à travers ses pleurs, je n'ai point si fort couru pour ne point arriver à temps. Adieu, mon enfant?

Par un geste plein de tendresse maternelle, elle le poussa dehors et le conduisit jusque sur le carré sans vouloir répondre aux questions qu'il lui adressait sur l'origine de l'argent qui le sauvait.

On le sait, la résignation de M. d'Outrepont en matière d'extorsions féminines était grande et magnanime. Cependant les six mille francs qu'il avait donnés à mademoiselle Lefébure lui tenaient quelque peu au cœur, et ce fut avec un sentiment de satisfaction moins vive qu'il se rendit le soir chez les deux Arlésiennes. En homme du midi, toujours un peu défiant, et en homme du monde, souvent trompé, il avait senti la poésie qu'il s'était faite sur la candeur de la nièce et sur la bonhomie angélique de la tante s'évanouir en partie dans son cœur : elles avaient perdu, en partie, à ses yeux, le prestige d'ingénuité et de noblesse qui exerçait naguère encore sur lui tant de puissance: l'emprunteur quel qu'il soit se déprécie toujours un peu aux yeux de celui qui prête. Le cœur humain est fait ainsi, et les âmes les plus nobles subissent, à leur insu, des impressions dont elles rougissent, mais qu'elles ne peuvent étouffer. Or, M. d'Outrepont, habitué à juger l'espèce humaine sur son envers, regardait comme impossible que cette étoffe ne présentât pas, du moins d'un côté, des fils grossiers et un aspect laid et sans harmonie.

Cependant Joséphine et sa tante, assises l'une près de l'autre devant leur petite table, travaillaient en silence, prêtant toutes deux l'oreille au moindre bruit et regardant avec joie chaque fois qu'elles croyaient ouïr dans l'escalier le bruit des pas de M. d'Outrepont. Lorsqu'elles entendirent le tintement de la sonnette, elles se levèrent toutes les deux : Joséphine courut ouvrir et se jeta dans les bras de Gaston.

— Il faut que je vous embrasse, une fois, deux fois, cent fois! dit-elle avec toute la naïveté de ses dix-sept ans et son abandon méridional; que je vous aime! que vous êtes bon!

— C'est cela, pensa M. d'Outrepont : on me traite en bienfaiteur! Je serai donc toujours dupe de mes illusions romanesques? Et qu'importe après tout? Erreur est bonheur, comme dit un de nos vieux proverbes. Le bonheur qui ne repose point sur la satisfaction matérielle des sens ne repose que sur des idées fausses : heureux donc, oui heureux celui qui pense faux.

En dépit néanmoins de son incrédulité et de sa défiance, il se sentit un instant ébranlé par les témoignages de reconnaissance et de tendresse que lui prodiguaient Joséphine et mademoiselle Lefébure.

— Vous avez été notre ange tutélaire ! dit cette dernière, en lui serrant les mains dans les siennes.

— Je vous aime bien, allez ! ajouta Joséphine d'une voie émue, et en levant ses beaux yeux voilés de larmes; vous nous avez sauvés d'un grand malheur.

— Eh ! ne puis-je donc savoir, demanda-t-il avec abandon, ne puis-je donc savoir quel est ce malheur auquel j'ai été assez heureux pour vous arracher?

Joséphine allait parler; déjà ses lèvres de corail s'apprêtaient à revêler le secret qui jaillissait de son œil de feu quand un geste de sa tante l'arrêta tout-à-coup.

La jeune fille déconcertée rougit, balbutia et baissa les yeux. M. d'Outrepont se tourna vers Antoinette, qui se trouva prise à l'instant d'une affreuse quinte de toux dont le colonel ne fut pas dupe le moins du monde. L'excellente fille ne savait pas mieux mentir que sa nièce; lorsqu'elle se hasarda à soulever ses paupières et à regarder le colonel, elle lut sur ses lèvres un sourire de mépris qui la navra. Cependant, elle se jetait dans une absurde histoire de dettes, de créanciers importuns et menaçants, qui, sans compter sa ridicule invraisemblance, avait le malheur de rappeler au colonel les doléances de la mère de Célestine, lorsqu'elle commençait à ressentir le besoin d'argent. A chaque instant mademoiselle Lefébure, honteuse des premiers mensonges qu'eussent jamais prononcé ses lèvres, se sentait prête à s'interrompre et à dire toute la vérité à Gaston; mais une voix impérieuse l'arrêtait en lui criant que le secret de son neveu n'appartenait qu'à lui seul, et que le revêler à un étranger c'était peut-être exposer le malheureux jeune homme à de dangereuses indiscrétions.

D'ailleurs, comment oserait-il après cette

confidence se présenter devant M. d'Outrepont? Sans doute, ce dernier n'accorderait plus au coupable la protection qu'il avait offerte pour lui à sa tante. Combattue entre ces pensées et l'humiliation du mensonge, elle balbutiait et devenait de plus en plus inintelligible : l'eau ruisselait sur son front; une soif ardente desséchait ses lèvres.

Joséphine l'interrompit tout-à-coup; elle ne pouvait, plus longtemps, supporter le sarcasme qu'elle lisait sur la physionomie de Gaston.

— Ma tante, dit-elle, pourquoi ne pas avouer franchement à M. d'Outrepont que nous ne pouvons lui révéler les motifs qui nous ont fait recourir ce matin à sa généreuse amitié? Qu'il lui suffise de savoir que nos confidences l'affligeraient inutilement; d'ailleurs ce secret n'est pas entièrement le nôtre.

— Ou la petite est bien forte, ou ce qu'elle dit est vrai, pensa M. d'Outrepont, ému par l'accent plein de franchise de Joséphine.

— Tu as raison, Joséphine, ajouta mademoiselle Lefébure; que Gaston me pardonne tous mes mensonges, j'ai dû lui paraître bien méprisable... Vouloir mentir à lui, notre sauveur! Fi! je ne me le pardonnerai jamais.

— Voyons, dit Joséphine, il ne faut plus

penser à tout cela! Ne songeons qu'au bonheur de nous trouver ensemble! Pour expier nos mensonges, ma tante, je veux aujourd'hui, ce soir même, aller me parer du costume arlésien que vous portiez quand vous étiez jeune fille et que vous gardez si précieusement. Voici bien longtemps que M. Gaston vous demande cette grâce, sans que vous veuillez y consentir de suite. Vous remettez toujours cette petite fête à une autre fois. Pourquoi cela?

— J'ai tort pour cela comme j'ai eu tort de mentir tout-à-l'heure, répliqua mademoiselle Lefébure. Mais, que veux-tu? il y a des enfantillages dont nous ne sommes point les maîtres : et celui-ci est presque au-dessus de mes forces !... Vois-tu, je ne puis m'y résigner sans un léger sentiment... faut-il te le dire?... Sans un sentiment de jalousie! Oui, mon enfant, de jalousie! Ah! dam, j'ai été jeune et jolie comme toi, et ce costume arlésien me seyait si bien! Demande à Gaston! Hélas! de la jeune Provençale de jadis, il ne me reste aujourd'hui que son cœur qui, par malheur n'a pas vieilli comme son visage... Allons, viens! Maintenant que j'ai confessé mon petit travers, me voilà toute soulagée. Attendez-nous, Gaston. Dans un quart d'heure, vous verrez une charmante Arlésienne, comme aux beaux temps de notre jeunesse.

Le colonel ne put réprimer un mouvement de mauvaise humeur, tandis que Joséphine et sa tante s'éloignaient.

— Je ne sais quelle rage a la bonne femme de toujours comparer son âge au mien : est-ce qu'un homme vieillit jamais? Tous les deux du même âge!... Oui? à l'exception de deux ou trois années, et davantage peut-être, qu'elle compte de plus que moi! N'ai-je pas gardé toute ma verdeur et toute ma jeunesse! tandis que la pauvre fille!... Quel est donc ce secret qu'elles me cachent avec tant de soin? car il paraît réellement qu'il y avait un secret. Si je ne me laisse point encore aller à mes illusions habituelles, Antoinette serait morte de faim plutôt que d'emprunter un sou à qui que ce soit... Cependant leur joie et leur reconnaissance? ce secret qui n'appartient pas à elles seules! Pardieu, je suis un grand niais! Ce neveu, mon rival? Tout s'explique à présent! Il aura signé des lettres de change au profit de Célestine. Cette femme rivalise avec Moïse; que dis-je elle le surpasse, car il ne tirait que de l'eau claire d'un rocher, et elle a su tirer six mille francs d'un commis à douze cents francs d'appointements! Il faut avouer que c'est une créature bien intelligente! Diable! il ne faut pas qu'elle recommence à donner des preuves de cette intelligence-là. Un instant! Payer tous les deux ou trois mois six mille francs pour mon ancien rival, pour mon successeur?... j'y mettrai bon ordre. Mademoiselle Lefébure connaît-elle les motifs des dettes contractées par son neveu? Serait-elle la complice de ce Charles! C'est un fait qu'il faut que j'éclaircisse! Les vieilles femmes sont si faibles et aiment tant à se mêler d'intrigues, quand elles n'en peuvent plus faire pour leur compte.

Pendant qu'il calomniait ainsi tout bas la pauvre Antoinette, la porte du cabinet s'ouvrit et Joséphine parut sur le seuil. Lorsqu'elle laissa tomber à ses pieds *l'Enveloppe*, sorte de mantille qu'elle avait drapée sur ses épaules, et dont le capuchon, rejeté sur sa tête, ne laissait voir que ses yeux à la manière des femmes de l'Orient, M. d'Outrepont ne put réprimer un cri d'admiration. Une veste brune, à courtes basques, dessinait une taille adorable et se détachait sur une jupe courte de draps écarlate, qui laissait voir deux petits pieds mignonnement chaussés. La *coiffe*, sorte de ruban large, parsemé de fleurs d'or, se nouait autour de sa tête, laissait à peine voir, au sommet, les plis d'un bonnet transparent, et jetait à droite et à gauche une pointe disposée avec la plus agaçante coquetterie. Un fichu léger, un peu rabattu en arrière, permettait d'admirer librement la beauté du col, les attaches fines des épaules et la naissance des cheveux relevés en larges nattes. La voix de la jeune fille était rieuse et son regard mutin; cependant, il y avait dans ce beau front, laissé tout-à-fait découvert par la *Coiffe*, une candeur voisine de la majesté.

Elle s'avança vers le colonel en chantant une délicieuse villanelle que lui avait apprise autrefois sa tante : c'était un des petits chefs d'œuvre du chanoine Morel qui a semé tant de charmantes chansonnettes dans la Provence et dans le Languedoc :

Poulida pastourella
Qu'amour faï per tcharma,
Sieguès pas tant cruella,
Din la saisoun d'aima ;
Un tchour t'én pléniras,
Et me régrétaras;

Sé lou cour lou pu tendrè
Mérita d'estré aïmat,
Lou miou soul pot prétendré
D'estré lou préferat.
Actha dé yeou pietat
Din mon cruel estat.

Chaqua tchour ma cadenna
S'alounga d'un anel,
Et malgré yeou, ma péna
Augménta à vista d'el,
Et chamaï rés nou vén
Soulatcha moun tourmén.

— Suis-je bien ainsi? demanda-t-elle certaine et heureuse de son triomphe, mais charmée pourtant de se l'entendre attester.

— Jamais le costume arlésien n'a été porté avec autant de grâce.

Antoinette laissa échapper un soupir : Gaston était trop occupé à admirer Josephine et Joséphine trop occupée à être admirée par Gaston pour que l'un ou l'autre put prendre garde au soupir de la vieille fille.

— Ce n'est pas tout, dit mademoiselle Lefébure, puisque nous voici à Arles, il faudrait que nous soupassions à la manière arlésienne.

— Les Frères-Provencaux excellent dans la bouillabeïsse, interrompit Gaston; allons souper tous les trois aux Frères-Provençaux.

— Non, vraiment, répliqua mademoiselle Lefébure. Cette enfant, quoiqu'il fasse nuit, ne peut traverser Paris avec ce costume... Vous aurez une meilleure cuisinière que les frères Provençaux; cette cuisinière, ce sera moi. Que la journée qui a commencé par du désespoir et par des larmes finisse par du bonheur et par des rires. Allons, je vais me mettre à l'œuvre.

En achevant ces mots, elle embrassa Joséphine, rajusta quelques plis de sa *coiffe*, qui semblaient un peu dérangés, et passa dans la cuisine, laissant seuls au salon Gaston et Joséphine.

Joséphine s'assit devant la table et prit une broderie; Gaston alla s'asseoir près de la cheminée pour mieux voir Joséphine dans son adorable costume.

Il se fit un long silence entre le colonel et la jeune fille. Celle-ci, pour la première fois, en présence de M. d'Outrepont, se trouvait sous la vague impression d'une émotion et d'une réserve inaccoutumées. Elle se sentait rougir et ses paupières n'osaient se soulever. De son côté, Gaston s'étonnait d'éprouver plus d'agitation qu'il n'était habitué à en ressentir. Son cœur battait vite; ses lèvres restaient contractées; un trouble délicieux le laissait muet et presque timide.

Une pareille situation devenait de plus en plus embarrassante en se prolongeant. Joséphine le sentait et ne pouvait cependant rassembler assez de résolution pour rompre le silence. A la fin elle se leva brusquement, par un effort désespéré et voulut aller se réfugier près de sa tante. Gaston s'empressa de prévenir cette résolution, et prenant la main de la jeune fille qu'il empêcha de s'éloigner :

— Vous m'aimez donc bien peu? lui demanda-t-il d'une voix émue.

Il sentit la main de la jeune fille trembler dans la sienne et leva les yeux sur elle; elle détourna la tête sans oser porter ses regards vers lui.

— Ah! je le comprends, reprit-il avec une froideur menteuse, vous n'avez pour moi ni confiance ni affection.

— Moi! balbutia-t-elle, moi qui vous aime!...

— Comme l'ami de votre tante? demanda-t-il, toujours en proie à ses défiances, même en ce moment ineffable.

— Non, colonel, comme un frère! répliqua-t-elle faiblement, en donnant à ce mot frère une expression de tendresse qui jeta Gaston dans un délicieux enivrement.

— Confuse et hors d'elle-même, elle voulut s'échapper. Il enlaça légèrement de son bras la taille frémissante de la jeune fille, et murmura :

— Chère Joséphine, si vous saviez combien je suis heureux en ce moment! Je vous aime avec tant de tendresse!

Tout-à-coup la porte s'ouvrit brusquement; Joséphine jeta un cri de pudeur et de surprise, s'enfuit près de sa tante et laissa le colonel tête-a-tête avec un jeune homme.

C'était le rival heureux de M. d'Outrepont près de Célestine, c'était le frère de Joséphine.

Ils se saluèrent l'un et l'autre avec contrainte. Charles regarda M. d'Outrepont d'un air sombre, et celui-ci l'accueillit avec hauteur.

Mademoiselle Lefèbure quitta sa cuisine et accourut joyeuse pour embrasser son neveu.

— Charles manquait au bonheur de cette soirée, dit-elle; la voici complète maintenant. Vous avez fait peur à Joséphine, Charles; la petite a été surprise par la manière brusque dont vous avez ouvert la porte; elle est là toute tremblante dans ma chambre, je crois même qu'elle pleure.

— Je ne pense pas être la cause de l'agitation de ma sœur, répondit le jeune homme, en donnant à sa phrase une expression sévère et empreinte d'amertume.

Antoinette, surprise, porta ses regards du colonel à Charles et de Charles au colonel.

— Qu'avez-vous donc tous les deux? dit-elle. Pourquoi cette froideur entre vous? Est-ce ainsi, Charles, que vous devez accueillir l'ami dévoué de notre famille? Et vous, colonel, de quel tort pouvez-vous accuser cet enfant à qui vous avez sauvé la vie? Allons, causez gaiement, entre vous deux, avant que nous nous mettions à table. C'est aujourd'hui un jour de bonheur, de réconciliation et de pardon, colonel. Jeséphine, quitte la cuisine où tu vas renverser mes casseroles que tu touches sans nécessité; viens dresser le couvert, et que je ne sois plus troublée dans l'importante et difficile confection de ma bouillabeïsse.

— Excusez-moi, ma tante, reprit Charles; j'ai voulu venir vour voir ce soir un moment pour vous rassurer tout-à fait et vous demander pardon de ma folle conduite d'hier. On m'attend à mon bureau où je dois arrêter les comptes de la journée; laissez-moi vous embrasser toutes les deux et me retirer bien vite. Adieu, Joséphine; adieu, ma tante.

Mademoiselle Lefébure conduisit son neveu jusque sur le palier de l'escalier, et là, passant son bras sous le bras de son neveu.

— Pourquoi as-tu fait à M. d'Outrepont un semblable accueil? demanda-t-elle. As-tu donc oublié les preuves de dévouement qu'il t'a prodiguées hier? Sans lui qu'aurais-je pu faire pour te sauver, moi, une pauvre femme perdue de désespoir? Enfin, ne l'as-tu pas deviné? Sa main nous a sauvés ce matin encore de l'abîme. Nous lui devons la vie et l'honneur!

— A lui? ma tante, à lui? Oh! malheur, malheur!

— Pourquoi ce chagrin? Il ignore et ton erreur et la cause de ta fatale résolution. En recourant à lui, je lui ai laissé ignorer les motifs qui me réduisaient à l'implorer.

— Eh! qu'importe moi? Ma tante; j'ai été un misérable et un lâche! la honte ne serait que la juste punition de ma faiblesse insensée! J'ai été bien plus coupable que je ne le pensais, et la rigueur du châtiment me fait comprendre toute l'étendue de ma faute : cet homme auquel je dois tout, la vie et l'honneur ; cet homme, ne l'avez-vous point déjà compris, ma tante? il aime Joséphine.

A ces mots, un nuage passa sur les yeux de mademoiselle Lefébure, et elle sentit son cœur se déchirer.

— Peut-être est-il déjà trop tard, continua le jeune homme; Joséphine, je le crains, partage l'amour de M. d'Outrepont. Tout-à-l'heure, quand je suis entré chez vous, leur trouble mutuel... j'ai même cru voir le bras du colonel qui se détachait de la taille de ma sœur... Et c'est à lui que vous me faites devoir l'honneur et la vie!

Mademoiselle Lefébure n'entendait pas le plaintes de son neveu. Elle se débattait dans une angoisse inexprimable avec cette affreuse pensée : « Gaston aime Joséphine! » Oh! c'était un coup au-dessus de ses forces.

— Il faut songer à rembourser au colonel l'argent que vous lui avez emprunté, continua Charles. J'aimerais mieux voler; oui voler une seconde fois que de lui laisser le droit de venir renouveler, près de ma sœur les tentatives déjà trop avancées, peut-être, d'une infâme séduction.

En achevant ces mots, il quitta sa tante, celle-ci le suivit machinalement du regard, tandis qu'il disparaissait à travers les détours de l'escalier.

Qand elle rentra dans le petit salon, le colonel et Joséphine, debout près de la cheminée, parlaient à voix basse. En voyant la pâleur de sa tante et l'agitation qui la troublait, la jeune fille courut à elle et lui demanda si quelque nouveau malheur les menaçait encore.

— Non, mon enfant, non, rassure-toi, reprit-elle en s'efforçant de sourire : ton frère, le pauvre enfant, ne peut se consoler d'un moment d'erreur, et son chagrin...

Joséphine serra la main de sa tante pour lui prescrire la prudence, et l'empêcher de trahir le secret de Charles. Ce mouvement n'échappa point au colonel.

— Chère Joséphine, dit-il, je voudrais ignorer le secret auquel fait allusion votre tante, puisque vous avez cru devoir m'en faire un mystère. Cependant mon affection pour vous m'impose le devoir de revenir sur un sujet douloureux. Je connais les motifs qui ont poussé votre frère au suicide, et je sais peut-être mieux que mademoiselle Lefébure les causes qui l'ont amené a cet acte insensé de désespoir. Votre frère à compris que j'allais éclairer votre tante à ce sujet, et ses craintes m'expliquent l'accueil embarrassé et presque malveillant que j'ai reçu de lui tout-à-l'heure.

— Mon frère!

— Votre frère peut retomber demain dans l'abîme auquel il vient d'échapper. Un amour insensé pour une des femmes les plus dangereuses qui puissent entourer de leurs fatales séductions un jeune homme, telle est la cause de l'emprunt fait par Charles à la caisse de son patron. Cette femme ne lâchera point facilement une proie crédule, et sans armes contre des séductions funestes.

Mademoiselle Lefébure, en présence du péril de son neveu, oublia ses propres chagrins pour ne plus songer qu'à l'enfant de sa sœur.

— Mon Dieu! que m'apprenez-vous là, Gaston! Oui, vous avez raison, pour que Charles ait pu commettre une pareille faute, il faut qu'un véritable délire ne lui laisse rien de sa raison. Mais n'est-il donc aucun moyen de le sauver?

— Il en est un bien simple, répondit M. d'Outrepont, c'est de lui faire quitter Paris.

— Hélas! comment y parvenir?

— Voulez-vous charger de cette affaire ma vieille amitié? répliqua-t-il en insistant sur ces derniers mots. Mes relations me permettent de lui procurer à l'étranger, en Algérie par exemple, une place préférable à son humble position de commis; position sans avenir, qui ne laisse aucune chance à son ambition et le livre sans défense à l'ardeur des passions de son âge, qu'il ne peut dépenser noblement.

—Oui, oui, s'écria mademoiselle Lefébure!

quelque douloureuse que doive être pour moi une pareille séparation, elle devient nécessaire; sauvez-le encore une fois, mon ami.

Joséphine leva les yeux sur le colonel et lui adressa, par un seul regard, un remerciement plein de reconnaissance et d'amour.

Le souper préparé si joyeusement par mademoiselle Lefébure se passa d'une manière silencieuse. L'attitude d'Antoinette exprimait la tristresse et l'inquiétude. Joséphine, rêveuse et confuse, ne répondait qu'en rougissant aux rares paroles du colonel, tout entier au bonheur de contempler ce trouble délicieux. Les convives touchèrent à peine à la fameuse bouillabeïsse et se séparèrent de bonne heure.

M. d'Outrèpont alla passer quelques instants au Théâtre-Italien et rentra chez lui rêveur et en proie à mille pensées diverses. Les conseils du bon et du mauvais ange que certains pères catholiques prétendent se tenir sans cesse à notre droite et à notre gauche, l'emportaient tour-à-tour dans son cœur; l'esprit du mal, l'ange de gauche, fut cependant le dernier écouté :

— Avant huit jours ce jeune homme aura quitté Paris ! se dit le colonel en s'endormant.

V

LE PROTECTEUR.

A l'exception du colonel, aucun des personnages qui, la veille au soir, se trouvaient réunis dans le petit appartement de la rue Neuve-Hauteville, ne put trouver de sommeil pendant la nuit. Joséphine songeait à son frère et à Gaston ; Antoinette réfléchissait avec indignation aux soupçons ingrats de Charles contre M. d'Outrepont, et ne pouvait néanmoins s'arrêter sans douleur à la pensée de l'amour de son ancien fiancé pour la jeune fille. Cette pensée ne s'effaçait même pas dans le cœur de la généreuse et dévouée créature, en présence des révélations du colonel sur les causes de la faute de Charles ! Et cependant, l'amour du jeune homme pour une de ces goules dont elle avait parfois entendu raconter, sans y croire, les séductions fatales, et dont la tentative de suicide de son neveu n'attestait que trop la réalité et les mortels effets, excitait à la fois dans son âme la terreur et l'indignation.

Aussi ne put-elle réprimer ce dernier sentiment, lorsque le lendemain matin, au point du jour, Charles arriva chez elle. Elle lui adressa de sévères reproches, et ne voulut point écouter une seule des craintes qu'il exprimait sur la loyauté du colonel.

— Ne jugez point de son cœur par le vôtre, conclut-elle. Si Gaston, comme vous le prétendez, aime Joséphine, c'est pour devenir son protecteur et son père. Ne flétrissez point le seul ami que nous possédions. Sans lui, votre sœur et moi nous pleurerions maintenant sur un cadavre déshonoré.

Elle ne voulut rien entendre, et ferma opiniâtrement l'oreille aux paroles de son neveu, qui sortit désespéré et se demandant s'il ne valait pas mieux mourir que de traîner une existence pareille à la sienne? Tout lui manquait, jusqu'à la confiance de sa tante!... Il voyait s'ouvrir devant sa sœur, sans pouvoir arrêter la pauvre fille, un abîme de chagrins et peut-être de honte!

Il y avait encore d'autres motifs de désespoir et de fièvre dans le cœur de ce jeune homme, quoiqu'il cherchât à se les cacher à lui-même.

S'il n'avait point revu Célestine depuis le jour où il avait voulu mourir pour expier un amour insensé, cette résolution lui causait des regrets dont il rougissait, mais qui n'en déchiraient pas moins son âme. Pour comble de fatalité, un des commis de son patron avait raconté au négociant les promenades de Charles au bois de Boulogne, dans la voiture d'une de ces courtisannes à la mode dont la triste célébrité sait parvenir jusqu'aux personnes les plus étrangères aux habitudes du monde fashionnable. Sans se douter du péril qu'avait couru sa caisse, le négociant avait pris dès-lors en défiance son caissier, l'observait avec inquiétude, et usait à son égard d'une froideur qui n'échappait pas au malheureux jeune homme. Charles ignorait la délation de son ennemi secret et attribuait la conduite de son patron à de vagues soupçons sur la faute qu'il avait commise. Il se trouvait donc exposé à des transes sans relâche, et s'attendait, chaque fois que le négociant lui adressait la parole, à s'entendre accuser d'abus de confiance, et à se voir ignominieusement chasser. Ces pensées se confondaient dans son imagination avec un amour mal éteint, avec un de ces amours corrosifs et insensés auxquels les efforts qu'on fait pour les étouffer semblent donner une nouvelle énergie.

La tête baissée, il gagna les boulevarts pour se rendre à son bureau, vers lequel cependant il ne se dirigeait qu'avec un sentiment de découragement et de crainte. Tout-à-coup, il aperçut aux fenêtres de l'un des restaurants voisins du quartier du Temple une lumière vive et des tourbillons de danseurs qui passaient et repassaient devant les vitres. Il s'arrêta cloué à sa place par une force invincible. Célestine, à la tête des plus effrénés, bondissait les bras enlacés aux bras d'un jeune homme qui rivalisait avec elle de délire et de dévergondage. Quatre fois la ronde repassa sous les yeux de Charles dont ce spectacle brisait l'âme, et qui ne pouvait cependant trouver la force de s'éloigner. Le désespoir, la jalousie, la vengeance, se heurtaient en lui et allumaient le sang méridional de l'enfant de la Provence. Dans un moment de délire, il s'élança sur le seuil du restaurant, et il levait déjà le marteau de la porte pour se faire ouvrir, lorsqu'un peu de raison lui revint. Il s'arrêta et regagna les boulevarts à pas lents, et la tête penchée sur la poitrine.

De l'autre côté, en face du restaurant, se tenait un homme qui s'avança gravement vers Charles : c'était le négociant son patron.

— Monsieur Charles Lefébure, lui dit il,

depuis longtemps on m'avait appris le genre de relations auquel vous vous adonniez ; je n'ai point le droit de m'immiscer à votre vie privée, mais que feriez-vous à ma place, si vous étiez négociant et que vous vissiez votre caissier sortir, à six heures du matin, d'un bal masqué? Veuillez donc trouver aujourd'hui même un prétexte pour quitter ma maison.

Charles rentra chez lui, sans savoir ce qu'il faisait, se jeta sur son lit et passa une partie de la journée dans un état de profond abattement. Le soir, il était encore là dans la même attitude, lorsqu'un domestique en livrée vint lui apporter une lettre. Cette lettre était ainsi conçue :

« Le colonel Gaston d'Outrepont prie mon-

« sieur Charles Lefébure de vouloir bien passer demain matin vers neuf heures rue « d'Angoulême-Saint-Honoré, 40. »

Ce billet jeta Charles dans une grande anxiété, et ajouta encore à son agitation. Le malheureux jeune homme épuisa, pendant la nuit, toutes les conjectures probables sur les motifs qui pouvaient avoir déterminé M. d'Outrepont à demander un rendez-vous à un jeune homme qu'il haïssait et dont il se savait haï ! Le cœur humain est ainsi fait que Charles en voulait autant à M. d'Outrepont de l'avoir trompé que ce dernier lui gardait de ressentiment pour avoir été trompé par lui. Ce fut donc avec un sentiment d'hostilité bien prononcée qu'il se présenta chez le colonel.

Jean, après avoir consulté son maître, s'empressa de faire entrer Charles dans le cabinet de M. d'Outrepont, qui achevait de déjeûner.

Gaston, sans se lever de son fauteuil, salua de la main le jeune homme.

— Monsieur Charles, dit-il ensuite, après avoir laissé écoulé quelques instants pendant lesquels il voyait le cœur du jeune homme battre impétueusement d'impatience et de doute : monsieur Charles, vous voudrez bien m'excuser de tout ce que notre conversation peut avoir de personnel pour vous. Je suis un vieil ami de votre famille, et j'ai quelques droits, je l'espère, à votre confiance.

Charles répondit par un salut silencieux.

— Il y a deux jours, continua le colonel, le hasard m'a jeté brusquement, et sans aucune participation mutuelle de notre volonté, dans une confidence que vous eussiez cachée peut-être à votre ami le plus sûr.

Charles fit un mouvement pour l'interrompre, mais Gaston continua sans lui tenir compte de l'interruption :

— Je connais les motifs de votre chagrin.

Charles tressaillit et leva les yeux avec terreur sur le colonel, qui, de son côté, tenait ses regards attachés fixément sur le neveu de mademoiselle Lefébure. Ce dernier détourna la tête pour cacher son émotion et sa paleur.

Son secret aux mains de M. d'Outrepont? Sa tante l'avait donc trahi? Peut-être même le mystère auquel se trouvaient attachés son honneur et sa vie a-t-il été livré par sa sœur à l'homme qu'elle aime d'une passion insensée! Comment se venger? Comment le réduire au silence?

M. d'Outrepont, qui lisait dans la pensée de Charles, le contemplait avec un sourire de malice qui s'effaça bientôt pour faire place à une expression de bienveillance pleine de bonhomie.

— Allons! pourquoi ces airs de désespoir? reprit-il. Croyez-vous qu'il soit difficile à un homme de quelque expérience de comprendre combien la position dans laquelle vous vous trouvez est pénible à un jeune homme d'intelligence et de cœur! Le fils d'un brave colonel réduit à végéter dans la condition absurde de commis me paraît fort excusable d'avoir préféré le trépas à un pareil sort!

Charles, avec surprise, porta sur M. d'Outrepont ses regards qu'il avait tenu baissés jusque-là.

— Cependant, continua Gaston avec un sourire sous lequel Charles sentit sa haine commencer à se ranimer; cependant le moyen me paraît un peu violent, quoiqu'il atteste une âme noble et un caractère déterminé.

Le cœur de Charles se desserra, et sa poitrine se mit à respirer plus librement.

— Voulez-vous me permettre de vous proposer un moyen honorable d'échanger votre position contre une existence qui, pour le moins aussi honorable, ouvrira devant vous des chances d'avenir, vous délivrera de la captivité d'un commis, et ne manquera même point d'indépendance et de liberté? De l'air, des voyages, des aventures, un pays nouveau à visiter; de l'absence pour oublier des souvenirs pénibles, des moyens de mettre à l'œuvre votre capacité et votre intelligence, peut-être même dans le lointain la fortune, voyez, qu'en dites-vous?

Charles se pensait le jouet d'un rêve.

— Croyez-m'en, continua le colonel, à votre âge il ne faut pas désespérer parce qu'on a trébuché une fois; le sage lui-même, comme il est écrit dans l'évangile, se trouve réduit à faire sept chutes. Moi qui vous parle, un jour, comme vous, je me suis demandé s'il me restait d'autre alternative que la honte ou la mort; j'ai résisté, et me voici debout, fort, fier de moi-même, et heureux de me rappeler les fautes de ma jeunesse pour vous donner du courage et vous relever à vos propres yeux.

En achevant ces mots, il tendit la main à Charles qui ne put retenir ses larmes.

— Allons, mon jeune ami, point de tout cela! reprit le colonel, que gagnait l'attendrissement de Charles : prenez cette commission d'adjudant auxiliaire des subsistances militaires ; partez pour l'Algérie : des recommandations pressantes vous y suivront et vous y précéderont ; vous ne compterez parmi vos chefs que des protecteurs empressés à veiller sur vous et sur votre avenir.

— Comment vous exprimer ma reconnaissance, monsieur, moi dont les torts!...

— Vous voulez parler de Célestine, interrompit le colonel en riant et en faisant passer brusquement la conversation sur le terrain d'une affectueuse familiarité. Pardieu, vous m'avez rendu un grand service en me débarrasser de cette créature.

Il soupira et ajouta en serrant la main de Charles :

— Hélas ! je ne suis plus assez heureux, moi, pour que la passion me rende malheureux.

En exprimant ces regrets, il posa son doigt sur la poitrine de Charles.

— Ce sont les hautes intelligences et les cœurs bien placés qui commettent, à votre âge, de semblables erreurs ! Cependant il faut s'efforcer d'y mettre un terme le plus tôt possible. Si vous voulez en croire mon amitié, vous partirez dès demain pour Alger. Le meilleur moyen de vaincre un péril, c'est de l'éviter,

Laissez-moi jouer près de vous le rôle du classique Mentor près de Télémaque : à mesure que vous vous éloignerez de Paris, vous sentirez votre cœur se dégager, et votre raison revenir; vous sourirez, si même vous ne riez pas de tout ce que vous prenez maintenant au sérieux.

Il y avait dans la manière dont parlait et s'exprimait M. d'Outrepont, une franchise loyale et indulgente, contre laquelle Charles ne put défendre son cœur.

— Je partirai demain, monsieur, dit-il; j'espère me montrer digne de l'intérêt que vous me témoignez. Vous m'avez relevé à mes propres yeux : grâce à vous, je me sens plein de force et de courage. Je partirais sans un regret, continua-t-il d'une voix qui s'altéra; oui, je partirais sans un regret, si je ne laissais à Paris ma tante et ma sœur! Ma pauvre sœur surtout, enfant sans expérience et que la tendresse de ma tante ne sera pas toujours, je le crains, efficace à sauver des déceptions et des périls de la vie. Vous seul, monsieur, pouvez lui donner une protection efficace. Vous voyez quelle justice vous m'obligez à faire des indignes soupçons qui se sont hier présentés à mon esprit : je laisse ma sœur sous votre tutelle; je mets en vous tout mon espoir et toute ma confiance.

— Et ni l'un ni l'autre ne seront trompés, repartit avec effusion le colonel.

Ils se serrèrent la main et s'embrassèrent.

Quand Charles se fut éloigné, le colonel se mit à parcourir à grands pas son cabinet; puis s'arrêtant tout-à-coup.

— Ce diable de garcon m'a vaincu; je tiendrai la promesse que je lui ai faite, dût-il m'en coûter encore plus qu'il ne m'en a coûté. Ma foi, je préfère encore jouer le rôle de dupe en cette occasion que de tromper la confiance de Charles. Ah! j'ai beau faire, ma nature crédule et sentimentale, l'emportera toujours! Le passereau ne saurait se faire aigle. Tromper Charles, qui met noblement sa confiance en moi, et qui place sa sœur sous ma protection; perdre une orpheline, réduire au désespoir cette pauvre Antoinette! Allons, je vais suivre, pour mon compte, le conseil que j'ai donné à ce jeune homme. La session touche à son terme, le printemps commence à déployer ses trésors dans le midi, j'oublirai bien vite, près de quelque jolie Provençale, les yeux veloutés de Joséphine.

Afin de bannir cette pensée de son esprit, il s'approcha de la fenêtre, l'ouvrit pour rafraîchir son cerveau, auquel toutes ces agitations avaient fait porter le sang et se mit à siffler une marche militaire qu'il accompagna en frappant de ses doigts sur la vitre.

Le colonel, lorsqu'il se livrait à la bonté primitive de sa nature, sans tenir compte des défiances et du mépris des hommes qu'il devait à l'expérience, se sentait toujours le cœur plus léger. D'ailleurs, ainsi qu'on l'a vu, il commençait à devenir amoureux, et l'amour ressemble aux charbons du prophète Isaïe : sa chaleur purifie les lèvres et la pensée.

Il se demanda s'il ferait le soir, à Joséphine et à sa tante, la visite quotidienne à laquelle il les avait habituées depuis quelque temps. Le plus sage eût été de suivre le précepte de Platon : Dans le doute abstiens-toi : le colonel se cita cette sentence à lui-même en langue grecque, non sans s'accorder le sourire de satisfaction que laisse échapper tout érudit en reproduisant avec netteté une bribe de ses auteurs classiques. Il chercha donc à s'occuper, ce soir-là, de manière à ne point trop s'ennuyer et à diriger son imagination vers d'autres pensées. Mais le café de Paris, les

Italiens, la Grisi, les visites dans les loges et les conversations du foyer ne parvinrent point à le préoccuper. A neuf heures, il trouvait des motifs sans nombre pour se rendre rue Neuve-Hauteville; à neuf heures et demie, il commençait à se blâmer d'avoir pu abandonner les deux pauvres femmes, au milieu des chagrins que leur causait le départ de Charles; à dix heures, sa voiture traversait la place Lafayette et s'arrêtait rue Neuve-Hauteville, tandis que M. d'Outrepont ouvrait la portière pour descendre plus vite.

Quoique mademoiselle Lefébure et sa niéce reconnussent la nécessité du départ de Charles, ce départ ne leur en avait pas moins porté un coup douloureux. Joséphine pleurait et Antoinette ne pouvait retenir ses larmes, tout en cherchant à donner du courage à la jeune fille.

L'absence de Gaston ajoutait encore à leur chagrin. Toutes les fois qu'un bruit de voiture se faisait entendre dans la rue, chacune d'elles épiait ce bruit, dans l'espoir de l'entendre s'approcher de la maison; quand le murmure des roues s'en allait expirant d'un autre côté, elles échangeaient un regard de désolation, et laissaient échapper un soupir.

Charles lui-même partageait l'attente des deux femmes. La pieuse confiance qu'elles mettaient dans la loyauté du colonel, leur indignation au moindre doute avaient achevé d'effacer dans son âme jusqu'aux plus légères traces des soupçons qu'il avait conçus contre M. d'Outrepont à l'égard de Joséphine. Aussi, les trois infortunés, au moment de se voir séparés pour longtemps, pour toujours peut-être, éprouvèrent-ils, au milieu de leur désespoir, une véritable joie lorsqu'ils entendirent dans l'escalier le bruit des pas de Gaston.

Joséphine courut ouvrir la porte et s'élança vers lui en s'écriant :

— Je l'avais bien dit qu'il ne nous abandonnerait point !

Charles lui serra silencieusement la main, et mademoiselle Lefébure murmura, en passant l'extrémité de ses doigts sur ses yeux rougis par les larmes :

— Grâce à Dieu, enfin le voici !

Cette effusion de toute la famille, à sa vue, la tendre confiance qu'elle lui témoignait, ne trouvèrent pas insensible le cœur de Gaston.

— Allons, dit-il, allons, ne manquons point de courage, quand nous en avons tant besoin ! En quittant Paris pendant quelque temps, Charles se prépare un avenir heureux — et brillant peut-être : est-ce donc la un si grand motif de chagrin et de larmes ?

— Il a raison, repliqua mademoiselle Lefêbure, il nous faut plus de courage que nous n'en avons déployé jusqu'ici.

— Charles sait qu'il vous laisse confiées à la sollicitude dévouée d'un ami à l'épreuve.

Le jeune homme tendit de nouveau la main au colonel, qui la garda dans la sienne et la serra doucement en signe d'intelligence, tandis qu'il ajoutait avec émotion :

— Je me suis entendu avec lui pour quelques améliorations dans votre position. Le troisième étage de cette maison est à louer; vous l'occuperez; chaque mois vous recevrez une petite pension qui vous permettra de travailler moins tard et de vous occuper de travaux plus agréables. Charles pourra bientôt prélever sur ses appointements la somme nécessaire pour acquitter ces avances que je veux qu'on accepte sans un mot, sans une observation, si l'on tient à mon amitié. Il ne faut point, pendant l'absence de Charles et la mienne, que nos chères pupilles puissent se trouver exposées à des privations et à des ennuis.

En parlant ainsi, il échangea avec Charles un regard dans lequel celui-ci put lire la sincérité, la délicatesse et le désintéressement des pensées qu'exprimaient les paroles de M. d'Outrepont.

— Vous allez aussi nous quitter? fit avec

surprise et chagrin mademoiselle Lefébure.

Joséphine ne put que jeter un regard de reproche et de douleur sur Gaston.

— La session touche à sa fin, répliqua le colonel; ma présence à Paris ne se trouve nécessaire ni à mes devoirs, ni à mes affaires!... Et puis le soleil du pays me fera du bien.

Joséphine s'éloigna de M. d'Outrepont et se rapprocha de son frère.

Le reste de la soirée s'écoula sans qu'elle échangeât une parole avec le colonel, et sans même qu'elle levât les yeux sur lui.

Cependant l'heure du départ de Charles avançait, et mademoiselle Leféburé en achevait les dernières dispositions. Il fallait que le jeune homme partît dans la nuit même pour arriver à Toulon avant le départ d'un bâtiment de l'État, qui devait faire le voyage d'Algérie, à cinq jours de là. Le service des départs pour l'Afrique n'avait encore rien de régulier à cette époque, et s'il eût manqué cette frégate, Charles se fût exposé à ne point rejoindre, en temps opportun, le chef du service auquel l'avait fait attacher son protecteur.

La dernière heure que le jeune homme passa près de sa famille s'écoula dans un accablement morne et silencieux. Quand le timbre de la pendule eût sonné une heure et demie, le colonel se leva et dit :

— Embrassez votre tante et votre sœur, et venez, Charles.

A ces mots, on eût pu croire qu'elles apprenaient pour la première fois le départ du jeune homme, tant leur désespoir éclata vivement.

— Mon enfant, dit mademoiselle Lefébure en détachant de son cou une médaille d'argent à l'effigie de la Vierge, au moment de me quitter, jure-moi de porter toujours sur la poitrine la relique que voici. Elle se trouve dans notre famille depuis bien des années ; ma mère l'avait donnée à la tienne, qui l'a gardée jusqu'à sa mort. Ce que je te demande paraît bien enfant, n'est-ce pas? Qu'importe, je t'en prie comme d'une grâce; porte toujours cette médaille.

— Je vous le promets, ma tante, répliqua Charles, qui, s'armant de courage, embrassa sa tante et sa sœur une dernière fois, s'arracha de leurs bras et suivit le colonel, ou plutôt se laissa entraîner par lui.

Une heure après, Joséphine entendit les pas de M. d'Outrepont dans l'escalier.

— Et maintenant, lui demanda-t-elle en allant lui ouvrir la porte, maintenant, n'est-ce pas, vous venez aussi nous faire vos adieux?

— Oui, dit-il, Joséphine, oui, je viens vous annoncer que je pars. Rester, serait me préparer des regrets, des chagrins et peut-être des remords?

Elle le regarda avec surprise.

— Adieu donc! continua-t-il, en lui tendant une main qu'elle n'accepta point.

— Non, dit-elle, non, puisque vous jugez à propos de nous abandonner aussi, quand tout nous abandonne; puisque votre affection pour nous ne vous inspire point la pensée de différer un voyage sans nécessité, je ne me séparerai point de vous, comme on se sépare d'un ami. Je ne rendrai point étreinte pour étreinte à une main indifférente. Adieu, monsieur!

— Ingrate! répliqua Gaston, vous ne comprenez donc pas qu'il faut que je m'éloigne de vous à tout prix? Mon courage est à bout! Vous ne voyez donc pas que je vous aime!

Cette fois elle prit sa main dans ses mains tremblantes d'émotion.

— Joséphine, demanda en ce moment mademoiselle Lefébure, ce n'est donc point le colonel qui est là?

— Si fait, ma tante, répondit la jeune fille d'une voix émue. Il vient nous annoncer qu'il renonce à son voyage... N'est-ce pas? fit-elle avec un adorable despotisme.

— Merci, mon Dieu, merci! ajouta mademoiselle Lefébure, votre bras ne s'éloigne pas tout-à-fait de nous.

Tous les trois passèrent encore une heure ensemble. M. d'Outrepont transmit à Joséphine et à sa tante les derniers adieux de Charles, que mademoiselle Lefébure écouta en levant les yeux au ciel et en demandant à Dieu, dans une prière mentale, la protection divine pour son neveu et un peu de courage pour elle-même. Joséphine était radieuse, l'égoïsme de la passion s'était emparé d'elle; une joie ineffable brillait dans son regard, se trahissait dans ses paroles et se révélait jusque dans les moindres inflexions de sa voix. Elle avait tout oublié : chagrin, départ, absence, frère; elle n'avait qu'une pensée et qu'une sensation, qui l'enivraient de bonheur et d'extase; aimée de Gaston ! aimée de celui qu'elle aime !

Quand le colonel se leva pour prendre congé des deux femmes, Joséphine se leva, comme d'habitude, pour éclairer M. d'Outrepont jusqu'au seuil de l'appartement. Tandis qu'il descendait les premières marches de l'escalier, elle se pencha sur la rampe, avec une adorable expression de triomphe et de tendresse :

— A demain de bonne heure, n'est-ce pas? dit-elle.

Elle le suivit du regard dans les détours de l'escalier; et au moment où elle allait le voir disparaître, se faisant un porte-voix de ses mains charmantes qu'elle plaça autour de ses lèvres :

— A demain de bonne heure! répéta Joséphine, à demain de bonne heure!

M. d'Outrepont, rentré dans son hôtel, malgré l'heure avancée de la nuit, ne s'endormit point aussitôt, comme d'habitude, d'un prompt et paisible sommeil. Il se sentait agité, inquiet, brûlant. Les dernières paroles de Joséphine : « Adieu, à demain de bonne heure, n'est-ce pas ? » qu'elle lui avait dites en le reconduisant, ne cessaient de murmurer à son oreille avec les délicieuses modulations pleines de grâce et surtout de tendresse que leur avait données la charmante provençale. A la fin, cependant, et quand le jour commençait à paraître, la fatigue l'emporta; mais le sommeil ne parvint pas à soustraire le colonel à son agitation : Gaston retrouva dans ses rêves le souvenir, la voix et l'image de Joséphine.

La journée du lendemain parut longue à M. d'Outrepont ; il l'employa cependant à réaliser le projet dont il avait parlé la veille aux deux femmes, devant Charles : il eut une longue conférence avec son tapissier, et mit une persévérance et une ardeur de jeune homme à faire disposer, pour le soir même, le petit appartement destiné à mademoiselle Lefébure et à sa nièce.

Ce n'était point la première fois que le tapissier, habitué aux fantaisies du colonel, avait à opérer de semblables miracles d'improvisation. Il installa en secret vingt ouvriers au troisième étage, profita des premières heures de la matinée pour transporter les meubles, et fit preuve de tant de célérité, de goût et d'intelligence, que tout fut prêt à neuf heures et demie du soir. Rien ne s'était fait que d'après les idées et les ordres de M. d'Outrepont. Il n'avait pas dédaigné d'entrer dans les moindres détails, et de son quartier-général, établi au fond de l'arrière-boutique du tapissier, il n'avait point cessé de transmettre des ordres à des aides-de-camp en blouse, qui allaient et venaient sans cesse de la rue Neuve-Hauteville au magasin du boulevart. Plein d'impatience, il voulut présider lui-même à la disposition des meubles, se glissa furtivement dans la maison et le cœur battant joyeusement, parce qu'on ne l'avait point aperçu, il mit lui-même la main à l'œuvre, en passant une inspection générale et minutieuse; — une inspection d'artiste et d'amant, — et monta enfin chez celles pour qui se préparaient ces mystérieuses merveilles. Joséphine, parée de son costume arlésien, n'attendit pas même que le colonel tirât le cordon; elle vint lui ouvrir, le visage animé d'une joie qui rendit son amant le plus heureux des hommes.

— Fi ! monsieur, s'écria-t-elle en lui tendant sa jolie main ; fi ! que vous arrivez tard !

— Peut-être les importantes affaires qui m'ont retenu loin de vous sont-elles de nature à me justifier, répondit-il en portant à ses lèvres la main que lui présentait la jeune provençale.

— Des affaires ! dit-elle avec un peu de dépit ; des affaires ! Vous avez raison ; vous ne pouviez les sacrifier, même pour nous consoler un peu du départ de mon frère.

Elle essuya les larmes que le souvenir de Charles avait fait glisser de sa paupière sur sa joue rose et brune à la fois.

— J'avais à remplir une promesse.

— Une promesse? répéta-t-elle; et envers qui aviez-vous contracté cette promesse?

Il hésita avec perfidie avant de répondre.

— Je ne veux plus rien savoir, dit-elle: c'est un secret : excusez mon indiscrétion, colonel.

En parlant ainsi, son visage enjoué sur lequel n'avait fait qu'apparaître, comme un nuage sur un ciel bleu, le souvenir de son frère, reprit une expression sérieuse et presque triste?

— Ma tante, continua-t-elle en ouvrant la porte du petit salon ; voici monsieur le colonel.

Mademoiselle Lefébure se rangea près de la table à ouvrage pour donner au colonel la place qu'il affectionnait entre elle et Joséphine. Joséphine s'assit et se mit à broder silencieusement.

— Ainsi donc, demanda Gaston, qui était resté debout, ainsi donc, mademoiselle, j'ai mérité de vous trouver boudeuse, parce que je me suis montré fidèle à une promesse que j'avais faite.

— Monsieur le colonel se trompe, interrompit Joséphine avec vivacité, je n'ai point le droit de me montrer boudeuse envers lui. Je ne boude point.

Il sourit en homme sûr de son pardon.

— Je vous en fais juge toutes les deux, mesdames : manquer de promesse à une femme...

— S'il s'agissait d'une femme, vous n'êtes déjà que trop justifié, colonel, répliqua-t-elle en donnant à son aiguille un si brusque mouvement que le fil se rompit.

— De quoi s'agit-il? demanda mademoiselle Lefébure qui ne comprenait rien à cette querelle.

— Puisque mademoiselle Joséphine a daigné me pardonner, répondit M. d'Outrepont avec une fausse candeur qui redoubla la colère de la jeune fille, laissons là cette discussion. La soirée est bien belle : ne voulez-vous point me permettre de vous offrir mon bras et de vous accompagner dans une promenade sur le boulevart?

— J'ai promis de terminer cette broderie ce soir et je dois tenir ma promesse, répondit Joséphine en posant la main sur le bras de sa tante, qui se disposait à se lever.

Le colonel reprit son chapeau, qu'il avait déposé en entrant sur un vieux meuble servant à la fois de console et d'armoire.

— Bonsoir donc, mesdames, dit-il.

Joséphine, en le voyant s'éloigner, sentit s'évanouir sa colère et son courage. Elle le ramena près d'elle par un regard plus doux.

— Vous vous décidez donc à sortir? demanda-t-il triomphant.

— Oui, si quelque autre engagement ne vous défend point de nous accompagner.

— Au fait, dit-il, vous me rappellez que j'ai affaire dans la maison.

Joséphine se mordit les lèvres jusqu'au

sang et se disposait à reprendre sa broderie. Le colonel passa le bras de Joséphine sous le sien.

— Partons, dit-il.

— Il faut que Joséphine change de robe, objecta mademoiselle Lefébure. Elle a voulu se parer encore ce soir de mon costume provençal, et ce costume, au milieu des rues de Paris...

— Venez, venez, interrompit le colonel qui entraîna Joséphine; suivez-nous, chère Antoinette.

En quelques instants, il les eut emmenées

dans l'appartement qu'il avait fait disposer au troisième étage. Joséphine, éblouie, ne put retenir un cri de joie et de surprise; mademoiselle Lefébure se sentit à la fois mécontente et heureuse, à la vue de ce petit paradis, comme elle l'appela.

— Désormais plus de travail, plus de fatigue, plus de soucis! le bonheur et l'aisance pour vous, Joséphine! et pour vous aussi, ma bonne et fidèle amie!

Mademoiselle Lefébure, profondément émue, resta quelques instants sans pouvoir prononcer un mot. Elle s'efforça enfin de retrouver un peu de force et de sang-froid :

— Ecoutez-moi, Gaston, dit-elle, et si vous

trouvez dans mes paroles quelque chose qui vous afflige, pardonnez-le moi; mon cœur ne saurait être le complice de mes lèvres. Charles, quelque soit l'importance de l'emploi que vous lui avez fait obtenir, ne peut se trouver, de longtemps, assez riche pour s'acquitter envers vous du prêt généreux que vous m'avez fait pour lui, et auquel étaient attachés sa vie et son honneur. Nous ne saurions maintenant lui laisser contracter envers vous de nouvelles dettes.

Le colonel fronça le sourcil.

— Vous comprenez bien, n'est-ce pas, mon ami, les sentiments qui me font vous tenir ce langage? Merci pour vos fraternelles et généreuses intentions; merci pour la tendre amitié dont vous nous prodiguez de si nobles preuves ?... Mettez-vous à notre place, et dites-nous si vous n'agiriez point comme nous le faisons en ce moment.

— Oui, colonel, reprit Joséphine; votre affection pour nous vous a entraîné trop loin: permettez qu'en refusant vos dons, comme il est de notre devoir, nous vous en aimions néanmoins plus encore, s'il est possible.

— Eh quoi ! s'écria M. d'Outrepont, n'est-ce point les intentions de votre frère que je remplis en ce moment? Fais-je autre chose que de m'acquitter du mandat dont il m'a chargé en votre présence?

— Colonel, interrompit Joséphine, je fais un appel à votre honneur; votre réponse terminera ce débat. Quels sont les appointements affectés à l'emploi que vous avez fait obtenir à mon frère?

M. d'Outrepont, déconcerté, balbutia quelques mots confus.

— Vous le voyez, mon ami, nous ne pouvons point accepter, continua Joséphine avec une fermeté calme, mais qui ne laissait aucun espoir au colonel. Si vous tenez à ne point m'affliger, ne parlons point de tout ceci; oublions-le; remontons dans notre mansarde et prenons gaîment le thé.

M. d'Outrepont garda quelques instants le

silence. Appuyé contre la cheminée, il semblait en proie à une lutte violente.

— Ainsi, dit-il d'un ton froid et en revenant près des deux femmes, ainsi, mademoiselle Antoinette refuse à l'ami de sa jeunesse, à celui qu'elle avait choisi pauvre et obscur, d'accepter ses services maintenant qu'il est riche et heureux.

— Soyez notre juge, Gaston!...

— Ainsi, mademoiselle Joséphine, continua le colonel, ne veut point permettre à l'ami de son frère de devenir le protecteur et l'appui de la sœur que Charles a confiée à sa sollicitude!

— N'insistez pas, mon ami, vous m'affligeriez sans me faire changer de résolution.

— Vous avez raison, mon zèle m'a égaré. La fille du colonel Lefébure ne doit accepter la protection de personne, pas même celle d'un frère d'armes de son père. Cependant, ni vous, ni votre tante, vous ne pouvez rester dans une situation indigne de toutes les deux; vous ne pouvez plus longtemps soutenir une lutte inégale contre le malheur. Voyons, n'est-il aucun moyen de tout concilier? continua-t-il d'une voix que l'émotion rendait tremblante; ce que vous refusez du colonel d'Outrepont, ne pouvez-vous l'accepter d'un fiancé, d'un époux?

— Que dit-il? que dit-il donc? s'écria mademoiselle Lefébure éperdue.

Le colonel soutenait Joséphine, que la joie avait presque fait défaillir. Il n'entendit point l'exclamation douloureuse que ses paroles avaient arrachée à Antoinette.

— J'attends un mot de vous, chère Joséphine ; je l'attends comme un arrêt duquel dépend tout le bonheur de ma vie.

— Vous savez bien que je vous aime! répondit-elle.

Il y eut un moment où leur joie faillit arracher une malédiction de mademoiselle Lefébure.

— Mon Dieu! pensa-t-elle, soutenez-moi

de votre aide divine ; une pareille épreuve dépasse mes forces !

— Ma tante, nous allons donc prendre possession de cet appartement, de ce nid délicieux? demanda Joséphine énivrée de bonheur.

— Oui, madame la colonelle ! répondit la martyre qui eût la force de trouver un sourire.

VI

BONHEUR.

Un mois après le départ de Charles, pour l'Afrique, un bonheur sans mélange, un bonheur à faire envie régnait, en apparence du moins, dans le délicieux petit appartement de la rue Neuve-Hauteville; Joséphine travaillait à son trousseau de mariée, et le colonel venait, dès le matin, s'asseoir près de sa charmante fiancée, qui souvent l'accusait encore d'arriver trop tard.

Cependant, on ne le voyait à la Chambre que les jours où de graves questions y rendaient sa présence indispensable. Quant au Jokey-Club, à l'Opéra, aux Italiens et au café de Paris, il n'y paraissait point, et l'on s'y livrait à mille suppositions sur la vie solitaire qu'il avait adoptée ; personne de ses amis ne se méprenait toutefois sur la cause de cette retraite mystérieuse; et chacun s'accordait à l'attribuer à l'amour.

Ces conjectures, justes à leur point de départ, se perdaient et s'égaraient pourtant quand il s'agissait de découvrir l'objet d'une pareille passion. La passion n'étonnait point, car on connaissait la nature impressionnable et romanesque du colonel, et on était habitué à le voir, de temps à autre, se livrer aux extravagances d'un amour de bonne foi, — tant qu'il durait. Par malheur ou par bonheur, jamais pourtant sa durée ne se prolongeait d'une manière inquiétante ; — la guérison survenait aussi promptement et aussi brusquement que la maladie. Quand donc les amis du colonel et surtout le général Bonnivet, venaient à parler de cette fantaisie de solitude, ils ne manquaient jamais de conclure en prédisant un prochain retour du colonel à ses habitudes abandonnées.

Cependant le colonel, loin de sentir diminuer son amour, devenait de plus en plus épris de sa fiancée. Jamais, depuis bien des années, il n'avait été aimé d'une tendresse aussi vraie et aussi pure. Lui-même se sentait renaître à une jeunesse de pensées et à une fraîcheur d'imagination qui regénéraient son cœur et lui rendaient de la foi en lui-même. Il ne vivait que par Joséphine, et Joséphine ne vivait que par lui; les fiancés se confondaient dans ce sublime égoïsme à deux, qui ne tient compte de rien, au monde, que de sa propre ardeur, et qui, tout entier à ses extases, dédaigne et même oublie le reste. Ni l'un ni l'autre ne s'apercevaient de la tristesse d'Antoinette et des efforts généreux et souvent inefficaces de la noble fille pour cacher sa douleur. Quand elle sentait la force l'abandonner, elle quittait quelques instants les fiancés, allait pleurer dans la pièce voisine, et rentrait calme en apparence, cachant sa peine sous un front serein. Cette candide créature avait appris en peu de jours à dissimuler avec une énergie et un savoir-faire que lui eût envié le roi Louis XI, quand il avait à lutter avec ses plus redoutables et ses plus rusés adversaires. Elle était parvenue à parler à Gaston et à Joséphine de leur bonheur et et de leur mariage, le sourire sur les lèvres, le regard calme et la voix sûre. La mort était dans son âme et la satisfaction sur son visage.

Un seul changement se faisait remarquer dans ses habitudes, c'était un redoublement de ferveur religieuse. Chaque matin, au point du jour, elle entendait la messe et le soir se rendait à l'office, au grand chagrin de Joséphine, qui se voyait enlever, par ces soins pieux, une grande heure des visites du colonel. Elle avait bien essayé plusieurs fois de protester indirectement contre cette recrudescence de piété; mais sa tante lui avait répondu :

— Mon enfant, quand Dieu nous comble de ses bienfaits, ne faut-il pas lui en témoigner sa reconnaissance?

Élevée, comme toutes les jeunes filles du Midi, dans l'observance rigoureuse des devoirs religieux, et sachant d'ailleurs l'inutilité d'une lutte qui blesserait sa tante sans rien modifier à ses résolutions, Joséphine se résigna donc à ce sacrifice, et s'en dédommagea un peu en priant avec ferveur pour celui qu'elle aimait.

Le colonel s'occupait activement des dispositions à prendre pour son prochain mariage, quoiqu'il trouvât un bonheur ineffable à voir se prolonger sa délicieuse situation de fiancé, et à s'enivrer des parfums du bonheur, préférables peut-être au bonheur lui-même. Il se sentait tellement heureux qu'il redoutait de faire un pas de plus, dans la crainte de sentir son extase rencontrer quelque triste réalité et se briser en s'y heurtant.

Grâce à Dieu, jusqu'ici sa passion n'avait fait que prendre un caractère fervent et durable. Chaque jour il aimait et il était aimé davantage, quoique chaque jour il regardât ce redoublement de tendresse comme désormais impossible.

Un soir il sortit de chez sa fiancée, après une de ces adorables querelles que suit une réconciliation plus adorable encore; querelles semblables à de légères ondées qui rendent les prés plus verdoyants et donnent plus d'azur au ciel. Pour rentrer sitôt chez lui, il se sentait trop délicieusement ému; il trouvait trop de joie à se souvenir de son bonheur et à se rappeler un à un les moindres incidents de sa journée d'amour. Il renvoya donc sa voiture et résolut de retourner seul et à pied jusqu'à son hôtel. Depuis un quart d'heure, il marchait enfoncé dans sa rêverie, lorsqu'il sentit une main se placer familièrement sur son épaule; en même temps, une voix amicale l'interpella avec gaîté : c'était le général Bonnivet, son collègue à la Chambre, son camarade à l'armée et son ami depuis vingt ans, comme le répétait sans cesse le vieux soldat, devenu une des puissances du vote assis et lever.

— Ah! ah! fit-il en passant son bras sous le bras du colonel, il faut se promener à minuit sur le boulevart des Italiens pour vous rencontrer! On ne vous voit nulle part, pas même à nos séances de la Chambre; j'ai demandé de vos nouvelles à tous nos amis, personne n'a pu m'en donner. Célestine prétend que vous songez à fonder un couvent de trappistes en faveur des rats convertis. Encore trente années de vie joyeuse, a-t-elle ajouté, et je réclamerai l'honneur de devenir l'abbesse de cette sainte maison.

A ces plaisanteries qui sentaient leur coulisse, le colonel fronça le sourcil et pressa involontairement le pas.

— Diable! diable! je commence à croire qu'il y a quelque chose de vrai dans tout cela, reprit le général en riant. Une des innocentes plaisanteries que vous aimiez tant jadis vous effarouche aujourd'hui; êtes-vous donc amoureux d'une religieuse?

— Non, mais d'un ange! interrompit-il avec impatience.

— Toutes les femmes que l'on aime sont

des anges ou des démons, cela est connu, repartit le général qui ne comprenait guère d'autres passions que l'ambition, la fortune, la bonne chère, et qui, semblable à certains aveugles nés qui nient l'utilité de la lumière, traitait avec fort peu de respect l'amour qu'il était incapable de ressentir.

— Je vais me marier, continua brusquement Gaston, résolu de se débarrasser à tout prix des réflexions de son ami, et qui pensa le réduire au silence en lui apprenant sans détour la résolution qu'il avait prise.

Le mot de mariage acheva de jeter le général Bonnivet dans un profond ébahissement.

— Vous marier! dit-il, vous! Vous! le plus heureux et le plus échevelé de nous tous? Vous! l'honneur de la loge infernale, le roi du Jockey-Club, le protecteur de l'Opéra? vous! Gaston d'Outrepont! vous allez vous brider, vous mettre un mors? vous allez promener une femme, — votre femme, votre véritable femme, sur le boulevard des Italiens, et regarder de travers vos amis qui la salueront trop profondément!... Ainsi vous voilà restant au bal jusqu'à cinq heures du matin, dînant au logis, troublé la nuit dans votre sommeil par des cris d'enfants, et astreint à la respectable existence de père de famille? Sans compter la pauvreté qui vous arrivera malgré vos quarante mille livres de rente! Oui, un riche garçon s'appauvrit toujours en se mariant, quelque dot qu'il reçoive de sa femme. Vous allez donner chez vous des dîners, des soirées, des matinées, des bals; vous recevrez et vous rendrez des visites; vous n'irez plus qu'à pied pour laisser votre voiture à votre femme!

Pendant cette philippique contre le mariage, M. d'Outrepont avait peine à contenir son impatience; mais chaque fois qu'il voulait interrompre l'orateur, celui-ci, habitué aux luttes de la tribune, élevait la voix et se maintenait la parole.

Gaston, en désespoir de l'interrompre, finit par prendre le parti de le laisser aller jusqu'au bout.

— Avez-vous fini? demanda-t-il en croisant les bras et lorsque le général, épuisé par sa bordée d'éloquence, se vit réduit à subir quelques instants de repos.

— Attendez, que je reprenne haleine, répliqua en souriant l'orateur essoufflé.

— Epargnez-vous cette nouvelle fatigue. Celle que j'épouse est une jeune fille simple, modeste, ennemie du bruit et du monde, qui trouvera le bonheur chez elle et qui ne le cherchera point autre part.

— Voyez-vous ! s'écria Bonnivet étourdi de cette réponse. Il ne manque plus à votre héroïne que d'avoir dix-sept ans et de ne posséder pour dot que les susdits dix-sept printemps, ses vertus et sa beauté !

Le colonel rougit légèrement à ces mots.

— Vous serez un des témoins de mon mariage, et quand vous aurez vu ma femme, vous m'envierez mon bonheur.

— Or çà, Gaston, interrompit le général, faut-il prendre tout ceci au sérieux? Vous mariez-vous réellement ? Quelle est la femme que vous songez à épouser?

— La fille d'un colonel tué à Waterloo, mademoiselle Lefébure?

— Et quelle dot apporte-t-elle?

— Je vous l'ai dit, aucune.

Bonnivet regarda le colonel comme il eût regardé un homme en délire.

— Ce mariage se trouve irrévocablement arrêté?

— Irrévocablement.

— Et vous vous mariez?

— Dans un mois au plus tard; j'attends quelques papiers indispensables pour faire afficher mes bans.

— Bonsoir, Gaston; vous voici arrivé devant votre hôtel.

— Bonsoir, général.

Il se séparèrent; le colonel se coucha de fort mauvaise humeur contre les amis qui ont la rage de se mêler d'affaires qui ne les regardent point et qui donnent des conseils inutiles et irritants.

Le général Bonnivet reprit le chemin du boulevart en se disant :

— Ou j'y perdrai mon latin, ou j'empêcherai Gaston de conclure une pareille folie.

Le général était un de ces caractères trop fréquents dans le monde, qui ne jugent les actions des autres qu'à leur propre point de vue et ne sauraient mettre en doute l'infaillibilité de leur jugement; ils ne manquent jamais de s'immiscer dans les affaires de leurs amis, même quand cette intervention n'a rien d'agréable pour ceux sur lesquels elle s'exerce. M. Bonnivet aimait le colonel comme il aimait vingt autres personnes à Paris; M. d'Outrepont fût mort tout-à-coup, que son ami Bonnivet eût dit en poussant un soupir :

. . . .

— Pauvre garçon! il n'avait guère plus de quarante ans.

. . . .

Et cette oraison funèbre terminée, il eût

passé la journée, comme d'habitude, sans penser autrement au défunt qu'en racontant à tout venant sa mort imprévue, et en se faisant les honneurs de cette triste nouvelle au Jockey-Club et au foyer des Variétés, dont il était un des habitués. Le lendemain, il n'y eût plus songé, si ce n'est pour aller, chez ses autres amis de l'armée, les prévenir qu'une place se trouvait vacante à la Chambre, et que le ministère avait à nommer à un grade de colonel dans l'état-major.

Cette amitié banale qui reposait sur une sorte de confraternité militaire, sur des paris extravagants, sur des soupers échevelés et sur l'habitude de se rencontrer à peu près tous les jours, à la même heure, à la Chambre et au boulevart des Italiens, n'en prit pas moins sur elle de rendre au colonel, sans qu'il le soupçonnât, ce que le général nommait un service éminent : il s'affubla du rôle de tuteur, s'érigea en providence mystérieuse de son ami, et se rendit dès le lendemain matin chez le ministre de la guerre. Après avoir entretenu de ses propres intérêts le fonctionnaire chargé de l'administration de l'armée, il parla en termes vagues du mécontentement que ressentait d'Outrepont de se voir inoccupé. Ne devait-il point s'étonner de n'avoir point encore été mis en position de se conquérir les étoiles de maréchal-de-camp? Ses plaintes, s'il lui en échappait, n'étaient-elles point légitimes?

. . . .

Le ministre s'étonna de ce langage; il avait vu, la veille encore, le colonel, et le colonel ne lui avait point dit un mot de ces projets d'avancement.

Il ajouta :

Si M. d'Outrepont n'eût jamais manifesté le désir que vous m'exprimez en son nom, depuis longtemps je me fusse empressé de lui rendre une justice à laquelle il a tous les droits possibles. Une mission difficile dans laquelle se trouvent de grands périls à braver et d'immenses services à rendre au pays me fesait chercher autour de moi un officier digne de se la voir confier. Je vais écrire à l'instant même au colonel que je la lui donne.

Le général témoigna une joie extrême et remercia vivement le ministre.

— Je désirerais, continua-t-il, après un moment d'hésitation, je désirerais que le colonel ne sût rien des confidences que j'ai faites à votre excellence. Il lui saura plus de gré d'avoir prévenu son désir, et peut-être m'en voudrait-il d'avoir révélé un mécontentement qu'il n'a confié qu'à moi.

— Soyez sans crainte, répliqua le ministre, qui écrivit sur le champ à M. d'Outrepont la lettre suivante :

« Mon cher colonel, voici la session terminée ; la Chambre n'a plus besoin de vos services jusqu'à l'hiver prochain ; l'État les réclame et vous ne les lui refuserez point. Je joins à ce billet un ordre de départ pour

« l'Algérie. Je vous y charge d'une mission « digne d'un intrépide officier et d'un diplomate « habile. Je vous attends demain matin pour « vous remettre moi-même vos instructions. Il « est urgent que vous partiez immédiate- « ment. »

Un estafette porta sur le champ à l'hôtel du colonel cette lettre, accompagnée d'un ordre de départ. Le colonel se trouvait sorti depuis une heure, et Jean avait profité de l'absence de son maître pour donner l'après-midi à ses affaires particulières. La lettre resta donc chez le concierge, habitué à recevoir d'ailleurs de fréquents messages des ministères pour M. d'Outrepont, et à en donner à l'estafette le reçu exigé.

Le colonel ne rentra point chez lui de la journée. Minuit sonnait lorsqu'il put s'arracher à grand peine d'auprès de Joséphine, qui, encore, l'accusait de la quitter de trop bonne heure. Comme il passait devant le Jockey-Club, sans même lever les yeux vers les salons où naguère se dépensait une partie de ses soirées, il s'entendit appeler par trois de ses amis qui sortaient du cercle; parmi ces amis se trouvait le général, qu'il n'avait point aperçu, dans sa préoccupation des souvenirs de la journée.

— Vous verrez qu'il partira sans même nous serrer la main! s'écria l'un d'eux.

— Qu'il n'en reçoive pas moins nos sincères félicitations ; avant quatre mois, nous compterons un général de plus parmi nos amis.

M. d'Outrepont témoigna sa surprise et avoua qu'il ne comprenait rien à ce qu'on lui disait.

— Demandez-le donc au journal officiel du soir, qui annonce votre départ pour l'Afrique et l'importante mission que le gouvernement vous y confie?

Le colonel pâlit.

— Tout cela ne peut être que le résultat d'une méprise, répondit-il. Des affaires graves ne me permettraient point d'accepter une pareille mission, même en supposant qu'elle me fut proposée.

— Nous ne parlons, ce soir, que d'après l'organe officiel du ministère, répliqua gravement Bonnivet. Demain matin tous les journaux répéteront cette nouvelle; après-demain la France entière la connaîtra.

L'agitation du colonel devint de plus en plus vive; le général lui prit le bras, et l'emmenant à l'écart :

— Cette mission n'aura que deux ou trois mois de durée; il est trop tard pour la refuser. L'honneur vous fait un devoir de ne pas même adresser au ministre une seule objection. Vous seriez deshonoré.

Gaston tressaillit.

— Déshonoré, répéta-t-il avec énergie... Oui, déshonoré! Je serais un misérable de ne pas vous dire aujourd'hui ce que vous penserez vous-même demain.

Il lui serra la main, et s'éloigna en se disant :

— Dans un an, mon pauvre Gaston, vous ne songerez plus à épouser une enfant, et vous saurez alors quelle main amie vous a empêché de faire cette sottise.

En rentrant chez lui, le colonel trouva la lettre du ministre et l'ordre de départ qui l'accompagnait.

D'abord il se livra sans réserve à un violent accès de colère dont Jean fut la première victime et qu'il supporta avec une admirable résignation, en homme qui n'en était point à son premier orage de ce genre. Gaston se lassa bientôt de s'emporter contre un pauvre garçon qui n'avait d'autre tort que de n'avoir point porté sur-le-champ à son maître une dépêche dont il ne pouvait soupçonner l'importance. Il s'enferma dans son cabinet, lut la lettre du ministre et l'ordre de départ qui l'accompagnait, les commenta et finit par s'avouer qu'il ne pouvait y voir qu'un sentiment de bienveillance. La mission dont on le chargeait était glorieuse et ne saurait manquer de valoir à celui qui en était chargé un avancement qu'il désirait depuis longtemps. Mais quitter Joséphine! mais différer tant de bonheur!... Cette affreuse pensée efface pour lui toute idée d'ambition. Non, ce départ n'est point possible! il verra le ministre demain matin, il refusera... Et ces maudits journaux qui ont proclamé partout la nouvelle de sa mission .. Ah! le général n'a que trop raison; un refus, c'est le déshonneur!

Il passa toute la nuit sans se coucher, tantôt en proie à la colère, tantôt pleurant à la pensée de Joséphine.

Le lendemain matin, au point du jour, il

se rendit chez le ministre; il le trouva déjà au travail.

— Colonel, lui dit l'homme d'état, je vous confie de graves intérêts; vous vous mettrez en route dans une heure. Les dépêches que je viens de recevoir d'Afrique rendent encore plus périlleux qu'ils ne l'étaient les devoirs de votre mission. Les balles arabes vous attendent; il y aura de la gloire à conquérir!

En présence du vieux soldat, le colonel sentit mourir sur ses lèvres toutes les objections, et se répéta la parole de Bonnivet qui n'avait cessé de le poursuivre : *Déshonoré*. Il écouta froidement les instructions du ministre, prit congé de lui, et donna à Jean l'ordre de faire préparer sur-le-champ une chaise de poste et de la lui amener chez mademoiselle Lefébure. Il remonta ensuite dans sa voiture et se fit conduire rue Neuve-Hauteville.

Joséphine dormait encore de ce doux et profond sommeil que donnent dix-sept ans, le bonheur et l'amour. Tout-à-coup le bruit de la sonnette, brusquement secouée, l'éveilla en sursaut.

Elle souleva la tête et s'appuya sur le coude pour mieux écouter; la sonnette tinta de nouveau, tandis que la femme de chambre attachée récemment au service de la fiancée du colonel se levait à la hâte. Avant que cette dernière n'eût ouvert, la sonnette renouvella encore son appel impatient, et Joséphine reconnut la voix et le pas de Gaston.

Il entra brusquement dans la chambre de la jeune fille; elle s'enveloppa à la hâte d'un grand châle.

— Qu'avez vous? s'écria-t-elle; qu'avez-vous, mon ami? Pourquoi cette pâleur? Pourquoi cette agitation?

Trop ému pour prononcer une parole, il jeta sur le lit de Joséphine la lettre du ministre, et tomba à genoux et en larmes aux pieds de sa fiancée. La jeune fille lut jusqu'au bout et lentement le fatal ordre de départ.

— Mon ami, dit-elle en s'efforçant de donner du courage à sa voix défaillante, mon ami, en acceptant le titre de votre femme, j'en ai accepté tous les devoirs, et j'espère que Dieu me donnera la force de les accomplir courageusement. Puisque l'honneur vous oblige à partir, partez! J'ai foi en vous comme vous avez foi en moi; j'attendrai votre retour, sinon sans douleur, du moins avec résignation. Partez, dit-elle, et que Dieu vous protége. Votre fiancée vous attend; vous la retrouverez digne de vous, comme elle vous retrouvera fidèle et tendre.

— A toi, à toi pour la vie! répondit-il en couvrant de baisers la main de Joséphine.

— Hélas! pensa Antoinette qui était

survenue, ce sont les mêmes adieux qu'il m'a faits à moi qui ai été aussi sa fiancée !

En ce moment le bruit de la voiture de poste qui arrivait devant la porte se fit entendre dans la rue.

Il y a des douleurs et des émotions que rien ne saurait décrire; tel fut le désespoir de Gaston et de Joséphine en se séparant.

Mademoiselle Leféburc pleurait et priait près de sa nièce.

— Mon Dieu! disait-elle, au nom de mes

souffrances, faites qu'il ne l'oublie point comme il m'a oubliée.

Quelque cruelle que soit l'heure de la séparation, les heures de l'absence la surpassent en tourments. Elles arrivent lorsque les forces sont épuisées par la lutte et par le temps. Joséphine, qui avait montré tant de courage en quittant le colonel, ne savait que pleurer et se désespérer depuis le départ de son fiancé ; elle restait plongée dans un abattement que ne parvenaient jamais à dissiper, même pour quelques instants, la sollicitude et les témoignages de tendresse que lui prodiguait sa tante.

Un soir, mademoiselle Lefébure lui dit :

— Hélas! mon enfant, prends courage; n'ai-je pas, moi, souffert et attendu comme toi, pendant de longues années? Ne m'a-t-il pas fallu me courber avec résignation sous les souffrances de l'isolement et de l'abandon?

Joséphine répondit :

— Vous ne l'aimiez pas comme je l'aime, ma tante! Le temps a changé votre amour en amitié; de fiancée, vous êtes devenue une sœur pour Gaston.

Mademoiselle Lefébure regarda tristement sa nièce.

— Mon Dieu, dit-elle, mon Dieu, elle ne soupçonne même pas l'étendue de mon affreux sacrifice! Je me meurs pour elle, et elle ne comprend aucune de mes souffrances et de mes tortures!

Joséphine ne vivait que dans une seule pensée; l'attente des lettres de M. d'Outrepont. Assise près de la fenêtre, les cheveux en désordre et enveloppée dans une robe de chambre, insoucieuse de sa beauté; brisée, pâle, elle épiait sans cesse, en silence, l'arrivée du facteur; son cœur battait avec anxiété jusqu'au moment où il franchissait le seuil de la maison. Alors elle appelait sa femme de chambre qui s'élançait dans l'escalier pour recevoir la lettre bénie et l'apporter à sa maîtresse, debout et impatiente sur le seuil de l'appartement.

Le colonel, jusqu'au moment où il s'était embarqué à Marseille, avait écrit à Joséphine, de presque toutes les villes qu'avait traversées sa voiture; c'étaient toujours quelques lignes tracées précipitamment au crayon et pour confirmer à la jeune fille l'amour et la douleur de l'amant que la fatalité séparait de sa fiancée. Joséphine lisait et relisait ces billets, et les renfermait précieusement dans un petit coffre d'or dont la mère du colonel avait fait autrefois don à son fils. Rien jusqu'alors n'avait pu le séparer de cette pieuse relique confiée à Joséphine au moment de la quitter. Quand le courage l'abandonnait tout-à-fait, ou bien lorsque le facteur venait à passer sans s'arrêter, elle ouvrait le coffret, lui demandait des consolations et relisait une à une les lettres de Gaston. Faut-il ajouter que, chaque jour, une longue lettre partait de Paris pour le colonel, afin qu'il en trouvât du moins une avant de quitter Toulon, et que les autres allassent le rejoindre en Afrique?

Après que M. d'Outrepont eut quitté la France et fut débarqué en Algérie, ses lettres n'arrivèrent plus qu'irrégulièrement et à d'assez longs intervalles. Un service de paquebots ne se trouvait point alors organisé comme aujourd'hui entre la colonie et Marseille.

Lorsqu'un long retard survenait, made-moiselle Lefébure ne savait comment rendre un peu de raison à sa nièce, qui se livrait à ses inquiétudes avec l'exagération naïve de la passion de la jeunesse et du sang proven-çal. Elle accompagnait sa tante à l'église, faisait des neuvaines, promettait des ex-voto et demandait avec instance à la sainte Vierge sa protection pour Gaston, exposé à tant de périls sur une terre ennemie. Rentrée chez elle, elle se faisait apporter des journaux, li-sait et commentait tout ce qui, dans leurs colonnes, parlait de l'Afrique, et suivait sur des cartes de géographie la marche des ar-mées françaises. A cette époque, des combats avaient lieu presque tous les jours, et souvent ils se livraient dans les pays que parcourait le colonel. Rien ne saurait exprimer les angoisses de la pauvre fille jusqu'au moment où une lettre venait la rassurer et lui apprendre qu'aucun malheur n'avait frappé son amant. Mais cette lettre était écrite depuis dix jours, et depuis dix jours, hélas! que de chances funestes avaient pu survenir et le frapper!

Après deux mois, les lettres du colonel devinrent rares, et Joséphine crut remarquer moins d'amour dans leurs lignes rapidement écrites, peu nombreuses et souvent indifférentes. Les dernières surtout poignèrent le cœur de la jeune fille et ne causèrent pas moins de chagrin à mademoiselle Lefébure, qui chercha cependant à tromper sa nièce et à lui démontrer que la froideur du colonel n'éxistait qu'en imagination. Antoinette écrivit en secret au colonel pour le supplier de ne pas réduire au désespoir une enfant que le chagrin avait presque déjà affollée, et qui succomberait à un coup au-dessus de ses forces épuisées. Cette lettre resta sans réponse.

Rien n'arriva plus d'Afrique pour Joséphine que des lettres de son frère.

Aucun doute ne pouvait rester à la pauvre fille sur les motifs du silence gardé par M. d'Outrepont. Presque chaque jour, les feuilles publiques parlaient du colonel et des opérations militaires auxquelles il se trouvait associé. Il n'était donc ni malade ni placé, par l'éloignement où par l'interception des communications, dans l'impossibilité de donner de ses nouvelles.

Mademoiselle Leféhure écrivit une seconde fois à Gaston sans obtenir plus de succès et sans parvenir à lui faire rompre le silence. Quant à Joséphine, elle avait cessé d'adresser à Gaston des lettres qu'elle savait inutiles. Avec un sang-froid qui épouvantait sa tante, elle reprit ses travaux d'aiguille et s'efforça de paraître calme. Un matin elle dit à mademoiselle Leféhure :

— Nous ne pouvons rester dans notre appartement, il appartient au colonel ; allons chercher un logement éloigné de cette maison, et qui soit plus en harmonie avec notre position.

Appuyée sur le bras de sa tante, elle se traîna jusqu'à une mansarde qui se trouvait dans un quartier voisin et déclara vouloir s'y établir : elle exigea encore que dès le lendemain les meubles du logement qu'elles avaient quitté pour l'appartement disposé par Gaston fûssent repris chez le tapissier qu'on en avait fait dépositaire et placés dans la nouvelle habitation. La clé de l'appartement qu'elles quittaient fût remise en échange à ce tapissier pour qu'il la rendît plus tard au colonel.

L'accomplissement de toutes ces choses

acheva d'épuiser le peu de forces qu'il restait à Joséphine. Déjà depuis longtemps sa beauté, naguère si pleine de fraîcheur, avait pris un caractère touchant et mélancolique; le désespoir vint à son tour effacer cette empreinte et apposer sur le front de l'infortunée son funeste cachet. Une pâleur livide voila ses traits et les décomposa; son œil s'alluma d'une flamme sinistre; une rougeur fiévreuse colora les pommettes de ses joues amaigries; des veines bleuâtres et transparentes commençaient à se dessiner sur ses mains naguère pures, blanches et taillées, comme la main de marbre d'une statue antique. Sa voix ne vibrait plus avec un timbre argentin, et ne faisait plus entendre la douce musique de l'accent provençal, si pétulant, si mélodieux, quand il est prononcé par les lèvres roses d'une jeune fille. Elle parlait avec lenteur, et une toux convulsive interrompait souvent ses mots saccadés.

Un jour mademoiselle Lefébure proposa timidement à sa nièce de faire appeler un médecin. Joséphine répondit par un regard si triste que sa tante n'osa plus renouveler cette proposition.

Cependant le mal empirait, et ses progrès rapides devenaient de plus en plus irrécusables. Il fallut renoncer aux veilles, il fallut même renoncer au travail.

Vaincue un soir par la souffrance, Joséphine s'était jetée sur son lit, et mademoiselle Lefébure, assise près d'elle, lisait à haute voix quelques pages de l'*Imitation*; ne sachant plus comment consoler sa nièce, elle recourait à Dieu. Joséphine n'écoutait point les paroles du livre chrétien. L'œil fixe, l'âme et la pensée étrangères à ce qui se passait autour d'elle, elle rêvait à Gaston et au lâche abandon dont il avait payé son amour. Tout-à-coup, elle se souleva sur son lit, et passant avec tendresse ses bras autour du cou de sa tante :

— Je ne puis mourir ainsi sans l'avoir revu! s'écrie-t-elle. Ma tante, partons pour l'Algérie!... Peut-être, en me revoyant, sentira-t-il son amour se réveiller dans son cœur.

— Pauvre enfant! murmura mademoiselle Lefébure, pauvre enfant!

— Je suis folle, n'est-ce pas? reprit Joséphine; plût à Dieu que je fusse folle tout-à-fait! Je ne me souviendrais plus! Mais mourir avec toute sa raison... mourir sans le revoir! Oh! ce serait trop affreux. Je sens qu'un mot, qu'un regard de lui me rendraient l'existence et la santé!... Tu ne veux pas que je meure, n'est-ce pas, ma tante? Eh bien partons, partons dès demain? Tu reverras, en passant, notre belle Provence, ce pays adoré que tu n'as point salué depuis tant d'années... Partons! Gaston, quand il me reverra, me tendra la main, et tout sera oublié... Il me dira du moins pourquoi il m'abandonne. Partons, ma tante, ou je sens, vois-tu, que je mourrai en reniant Dieu, qui m'a fait de telles douleurs.

De même que toutes les natures qui poussent le dévouement jusqu'à l'excès, Antoinette se trouvait sans force contre la volonté de ceux qu'elle aimait. Sa raison lui démontrait en vain combien le départ exigé par Joséphine manquait de prudence et de raison; sa prudence et sa raison disparaissaient en présence des angoisses et des gémissements de la jeune fille qu'elle avait reçue des mains d'une sœur mourante, d'une sœur qui lui disait comme le Christ disait à Marie en lui montrant le disciple bien-aimé : Femme, désormais voici votre enfant! Elle cédait donc aux instances de Joséphine, malgré elle et entraînée par la fascination irrésistible d'une volonté plus puissante que la sienne. On ne refuse rien à un mourant qui supplie! Refuser, c'était tuer cette enfant qui peut-être pouvait survivre quelque temps encore. Ainsi Lenore suit le fantôme de la ballade, quoiqu'elle sache bien qu'il l'emmène vers un abîme.

Mademoiselle Lefébure se mit donc à faire les préparatifs d'un départ dont elle reconnaissait, hélas! l'inutilité, la démence.

— Après m'avoir revue, si Gaston me repousse et m'abandonne encore, disait Joséphine, à qui la certitude du départ avait tout-à-coup fait retrouver de la force, eh bien! nous aurons pour nous protéger et pour nous consoler, mon frère, mon bon Charles, dont les lettres sont si tendres. En le revoyant, en nous retrouvant près de lui, nous renaîtrons à la vie. Mais Gaston ne résistera pas, vois-tu! Je me traînerai à ses pieds, je le supplierai avec tant de tendresse qu'il me relèvera et qu'il essuiera mes larmes. Tu verras, ma tante! Il est bon, il m'aime; un moment d'erreur peut faire faillir le plus noble cœur. Charles, notre Charles bien-aimé, n'a-t-il pas succombé lui même? N'as-tu pas été heureuse de lui pardonner; eh bien, je pardonnerai à Gaston, comme tu as pardonné à Charles, sans me souvenir du passé et en me vengeant de lui à force de bonheur et d'amour.

Nous le répétons, mademoiselle Léfébure écoutait ces paroles d'espoir sans rien partager de leur conviction. Elle n'en passa pas moins la soirée à réaliser le peu d'argent qui lui restait. Deux places furent retenues à la diligence, et le lendemain matin Joséphine et sa tante quittèrent Paris pour se diriger sur Marseille.

VII

EL IHOUDI.

L'absence est toujours pour celui qui part un mal moins grand qu'il ne se l'était figuré. La douleur de Charles, à mesure qu'il s'éloignait de Paris, perdait insensiblement de son âpre désespoir, pour prendre un caractère tolérable, et se transformait en résignation mélancolique. Peu à peu, il s'occupa de ses compagnons de route, échangea quelques mots avec eux et se laissa distraire de son chagrin par les suppositions qu'il se sentit entraîné à former sur les personnes entassées autour de lui, dans l'obscurité profonde de la diligence. Il finit par s'endormir d'un sommeil incomplet, il est vrai, mais qui se prolongea jusqu'au jour.

Le jour venu, il s'éveilla et put distinguer ses compagnons de voyage. Deux joyeux jeunes gens, qui ne tardèrent point à se conter mutuellement leurs affaires et à se proclamer des commis-voyageurs, une vieille femme et une jeune fille de seize ans, vêtue de deuil, se trouvaient réunies avec Charles dans la caisse étroite de l'intérieur, pour y demeurer les uns près des autres pendant la journée et la nuit qui devaient encore s'écouler avant qu'on n'arrivât à Châlons. Les commis-voyageurs possédaient un répertoire de chansons grivoises fort plaisantes peut-être, mais qui n'avaient rien de bien rassurant pour une jeune fille et pour sa gouvernante. Déjà Béranger et quelques-uns de ses couplets avaient obligé la vieille femme à porter avec inquiétude ses regards vers Charles, pour lui demander protection contre les refrains encore moins réservés qui menaçaient de succéder. Tout-à-coup un incident vint interrompre les chants des commis égrillards et fixer l'attention de tous les voyageurs. On entendit, à l'un des relais de la voiture, le conducteur entamer une querelle avec un pauvre diable qui, sans façon et sans payer, avait profité des messageries royales pour abréger sa route, et la rendre moins fatigante. D'abord il s'était contenté de courir derrière la voiture, s'accrochant de temps en temps à la portière de la rotonde, et se laissant entraîner par la rapidité du mouvement; quand il se sentit par trop essoufflé et qu'il vit le postillon se retourner moins fréquemment vers lui, en le menaçant de son fouet, il se hasarda à poser, sur le marche-pied, un de ses gros souliers ferrés; chaussure plus propre assurément à meurtrir celui qui la portait qu'à le soulager dans sa marche. Le postillon chercha à se débarrasser du voyageur illégal et lui lança de nouveau des coups de fouet; mais l'homme, pour les esquiver, s'abaissait, se relevait, se pliait, se tordait, et quand par hasard il était atteint, se contentait de remuer les épaules. Couvert de boue, sans autre abri contre une pluie glaciale qu'une mauvaise redingote beaucoup trop large, et que chamarraient des pièces de couleurs disparates, l'eau découlait sur son chapeau, ruisselait sur son visage et le rendait un véritable sujet de compassion. Le postillon néanmoins ne se laissa point aller à la pitié, et continua à jouer du fouet.

Voyant approcher un relai, le voyageur parasite résolut de se soustraire aux brutalités plus positives encore dont le conducteur et le postillon, avec des injures épouvantables, le menaçaient, dès que la voiture arrêterait. Il voulut quitter le marchepied, glissa, se prit la jambe dans une sorte de piège qui l'empêcha de se débarrasser et l'obligea à se cramponner de nouveau à la voiture. L'autocrate en veste fourrée vint à l'homme, le prit au collet, le secoua brusquement, le fit tomber les mains dans la boue, et lui cria de quitter la voiture, sans s'apercevoir que la chose était impossible. Il en résulta, pour son adversaire, une écorchure assez grave à la jambe. Le blessé adressa au conducteur quelques paroles en mauvais français mélangé d'allemand, lui montra sa jambe endommagée, et se débarrassa enfin de l'étreinte du marchepied, sans proférer une plainte, sans répondre un mot aux injures du conducteur et aux railleries du postillon.

Il s'assit sur une grosse pierre, tira de sa poche un mouchoir crasseux, lava sa plaie, et la couvrit d'un autre chiffon presque aussi déchiré que le premier. Les commis-voyageurs firent chorus avec les deux antagonistes du malheureux pour s'égayer à ses dépens, et le harcélèrent à leur tour d'une série de facéties grossières.

Emu de la patience et de la misère de cet homme, et peut-être encore plus irrité contre les commis-voyageurs dont la stupide gaîté le fatiguait depuis la veille, Charles sortit la tête de la voiture et dit au postillon :

— Cessez de tourmenter monsieur, et faites-le monter dans l'intérieur de la voiture, où se trouve une place vacante. Je paierai cette place jusqu'à Châlons.

La jeune fille leva les yeux sur Charles et

lui sourit pour le remercier de cet acte de charité.

Le conducteur porta la main à sa casquette et ouvrit la portière.

Les jeunes gens se récrièrent, prétendirent qu'on ne pouvait point admettre dans la voiture un homme couvert de boue, et signifièrent qu'ils ne le laisseraient point prendre place entre eux deux.

Le conducteur, pour toute réponse, dit au blessé :

— Montez, les chevaux sont attelés.

L'homme quitta son siége de pierre, se traîna jusqu'à la voiture, se hissa et se plaça entre les récalcitrants, malgré leurs efforts pour le repousser. Une fois en possession de sa place, il salua les deux femmes et s'inclina devant Charles. Après quoi, il s'établit commodément sur la banquette, appuya carrément les épaules contre le dossier, prit ses aises aux dépens de ses voisins, et se contenta de répondre à leurs brutales récriminations :

— Excusez, messieurs, excusez !

Ceci dit, il allongea les jambes, ferma les yeux, et parut se disposer à dormir paisiblement..

Le calme de cet homme exaspéra, jusqu'à la fureur, les commis. Ils l'accablèrent d'injures, l'appelèrent juif et s'acharnèrent contre lui avec une cruauté que rendait impardonnable la patience de l'israélite; l'accent de cet homme et le caractère de sa physionomie attestaient en effet une origine madianite. Charles finit par ressentir de l'humeur en voyant persécuter ainsi le pauvre diable qui se trouvait en quelque sorte placé sous sa protection.

— Messieurs, dit-il d'une voix sévère, cessez, je vous prie, de tourmenter, comme vous le faites, ce voyageur. Je vous préviens qu'à l'avenir je prendrai pour mon compte les injures que vous dirigez sur lui. Tenez-vous en bien avertis.

— Oui-dà! s'écria un des jeunes gens : je voudrais vous voir un pareil voisin, mouillé, crotté et faisant soulever le cœur par les parfums empuantis qu'il exhale. Que ne lui donnez-vous votre place?

La rougeur de l'indignation monta au visage de Charles, La jeune fille, placée près de lui, le regarda avec des yeux pleins de sollicitude et de larmes.

— Pour la dernière fois, laissez cet homme en repos, messieurs, leur enjoignit-il.

Ils répondirent en réunissant leurs efforts pour presser entre eux le juif.

Charles, éperdu de colère, se souleva pour

prendre un des impertinents au collet; le juif le prévint, étendit à droite et à gauche deux mains nerveuses et saisit de chacune, un des bras des commis-voyageurs. Il les maintint ainsi dans l'impossibilité de faire le moindre mouvement.

— Tout cela va-t-il finir enfin? demanda-t-il d'une voix qui ne trahissait pas la moindre émotion : tout cela va-t-il finir, mes petits messieurs?

Ils voulurent se débarrasser violemment des mains du juif et ne firent qu'en resserrer les étreintes de fer.

— Vous le voyez, dit-il en les lâchant

après qu'ils eurent constaté toute la force de ses redoutables poignets, si vous ne me laissez point tranquille, il ne me faudra pas grand'peine pour vous mettre à la raison. Restons donc amis, et n'effrayons point ces deux dames par des plaisanteries de mauvais goût.

Il salua de nouveau Charles, sourit à la jeune fille pour la rassurer, s'adossa sur la banquette, allongea les jambes et referma les yeux. Les commis-voyageurs murmurèrent quelques menaces, mais si bas que leur voisin pouvait à la rigueur ne pas les entendre, et finirent prudemment par s'endormir ou par feindre le sommeil.

Sur ces entrefaites, la nuit était venue et

commençait à jeter entre Charles et les jeunes gens un rideau qui bientôt les empêcha mutuellement de se voir. Un silence profond régna dans la voiture jusqu'au moment où elle arriva à Châlons. Alors chacun se hâta de descendre, de faire mettre à terre ses bagages et de s'assurer une place sur le bateau de la Saône qui conduit à Lyon.

Les deux commis s'arrêtèrent à Chalons même.

Charles, les deux femmes et le juif se retrouvèrent le lendemain sur le bateau. Le juif se tenait à l'avant, aux places de troisième classe. Quant on eut commencé à naviguer, il profita d'une promenade de Charles sur le pont pour s'approcher de lui en boitant et lui glissa dans la main un petit paquet; c'était le prix de la place de la diligence qu'avait payé le jeune homme pour l'israélite.

— Pourquoi ne gardez-vous point cette petite somme? demanda Charles touché d'un pareil procédé chez un malheureux en haillons; vous m'affligeriez en me privant du plaisir de vous avoir obligé.

— Vous ne m'en avez pas moins obligé pour cela, répondit le juif en s'inclinant profondément, et je vous en garde une vive reconnaissance.

— Eh bien, prouvez-moi cette reconnaissance en reprenant l'argent que vous m'avez rendu. Vous êtes blessé, vous avez peut être une longue route à terminer; je ne veux que vous faire un prêt, soyez-en bien convaincu. Quand vous serez arrivé au terme de votre voyage, vous donnerez, en mon nom, cette petite somme à une famille pauvre.

Le juif hésita quelques instants.

— Vous avez raison, dit-il en souriant : je dois garder votre argent; Dieu ne vous inspire pas en vain cette pensée, je l'espère...

Il porta la main à son chapeau crasseux et s'en alla regagner sa modeste place.

Charles s'approcha des deux femmes et

leur raconta la preuve de délicatesse que le juif venait de lui donner.

— Voilà un brave homme ! s'écria la jeune fille émue. Je vous en ai plus de reconnaissance encore d'être venu à son aide, dit-elle en baissant les yeux ; car elle se sentait rougir, sans trop savoir pourquoi, sous le regard de Charles.

Les quatre voyageurs, après s'être trouvés réunis en diligence et sur la Saône, se rencontrèrent une troisième fois sur le bateau à vapeur du Rhône.

Le lendemain de son arrivée à Marseille, et au moment où il se dirigeait vers le navire qui devait l'emmener en Algérie, Charles fit rencontre du juif qui marchait le long du quai,etqui semblait en proie à unevivepréoccupation. Après avoir paru balancer quelques instants, il s'approcha enfin du jeune homme.

— Monsieur, lui dit-il, je n'ai point les papiers nécessaires pour passer en Afrique ; vous pouvez me procurer mon embarquement en me faisant inscrire comme votre domestique : voulez-vous me rendre ce service ?

En parlant de la sorte, il tenait ses regards attachés sur les yeux de Charles, dans lesquels se lisait de l'irrésolution.

— Excusez-moi, dit-il : j'avais pensé que vous me rendriez volontiers ce dernier service, le plus important pour moi. Dieu ne vous en bénise par moins pour le bien que vous m'avez déjà fait!

Il salua en soulevant son chapeau crasseux et s'éloigna.

Charles le rappela.

— Le hasard, ou plutôt la Providence, ne nous a point en vain placés sur la route l'un de l'autre, dit-il. Je ne vous connais point, et cependant il m'en coûterait de vous laisser dans l'embarras. Une voix, du reste, me révèle tout bas que je n'ai point tort de vous témoigner de l'intérêt et de la confiance, quoique...

— Qoiqu'en moi les apparences ne semblent guère justifier vos bienfaits, n'est-ce pas? continua le juif. Soit! Eh bien, moi, ajouta-t-il, j'entends aussi une voix secrète qui me dit tout bas que je puis accepter vos bienfaits, parce qu'il me sera permis un jour, non de m'acquitter, mais de vous prouver ma reconnaissance. Dans les mains de Dieu, un grain de sable peut autant que les montagnes de l'Atlas.

— Ce soir, j'aurai un passeport pour vous et je retiendrai votre passage à bord comme si vous étiez mon domestique. Sous quel nom dois-je vous faire inscrire?

— Mon nom? On m'appelle en arabe El Ihoudi, et en français le juif.

— El Ihoudi? le juif? ce nom...

— Ne vous nommez-vous point Lefébure, ou le forgeron? reprit l'israélite. Je m'appelle le Juif, comme on s'apelle Lepoitevin ou Lebreton?

— Vous avez autrefois habité l'Algérie?

— Autrefois, répondit-il en soupirant.

— J'ai promis, je tiendrai ma promesse, malgré les mystères qui semblent vous environner.

— Dieu vous bénira et vous récompensera,

conclut le juif en donnant une singulière expression à ce dernier mot.

Après quoi il s'éloigna.

Charles, au moment de l'embarquement, retrouva le singulier personnage qui l'attendait sur le port, en face du bateau à vapeur, prêt à partir pour l'Afrique. Il lui fit signe de le suivre : le juif se glissa derrière lui dans la foule, répondit à l appel du contre-maître, et alla se blottir dans un coin, à l'avant du navire.

Le bateau n'avait point encore fait tourner ses roues que déjà Charles avait rencontré sur le pont la jeune fille et sa vieille compagne; il faut bien dire que le hasard seul ne les réunissait point en ce moment et pour cette traversée; la bienveillance de Charles envers le juif avait établi une véritable intimité entre lui et ses compagnes de route. Voyageant sans protecteurs, elles s'estimaient heureuses de se trouver sous le patronage d'un jeune homme doux et aimable qui les comblait d'égards sans songer à se prévaloir des services qu'il leur rendait.

Le juif venait quelquefois se mêler à l'entretien; il ne le faisait toutefois qu'avec une extrême sobriété: il fallait presque toujours que la jeune fille allât le chercher à l'avant du bâtiment. Quelque réserve que les deux femmes apportassent dans leurs conversations avec Charles, elles finirent toutefois par lui confier les motifs de leur voyage en Algérie. C'était une de ces histoires vulgaires, pleines de douleurs pour ceux qui en sont les héros et à peu près insignifiantes pour les indifférents qui les écoutent. Mademoiselle Véronique Delsarte était la fille d'un négociant espagnol longtemps établi à Paris : à peu près ruiné par des affaires malheureuses, il avait été demander à l'Algérie des chances moins funestes. La jeune fille, restée en France avec sa mère, avait vu s'éteindre dans ses bras la pauvre femme, frappée, par le chagrin, d'une maladie de langueur ; son père, en apprenant le nouveau malheur qui l'accablait, avait écrit à Véronique de venir le rejoindre en Algérie et de s'y faire amener par une vieille bonne, attachée depuis vingt ans au service de sa famille ; il comptait sur sa fille pour le secourir dans ses travaux commerciaux et prendre la direction de ses magasins.

Malgré l'humble condition qui l'attendait en Afrique, les manières et le langage de mademoiselle Delsarte attestaient une excellente éducation et un esprit mûri, avant l'âge, par l'adversité. Habituée depuis sa jeunesse à veiller près de sa mère malade, elle se montrait sérieuse par habitude plutôt que par tempérament, et répondait même avec ce bon rire, privilége exclusif de la jeunesse, aux propos enjoués que Charles disait aux deux femmes pour se distraire des influences du mal de mer, et les épargner à ses deux compagnes de voyage. Encouragées, grâce à son exemple, elles restèrent bravement sur le pont, et luttèrent avec opiniâtreté contre la souffrance, quoique la mer devînt grosse et que la violence du roulis ne cessât d'augmenter. Cette ferme volonté conjura en partie les symptômes les plus graves; ils n'allèrent point au-delà de l'inexprimable malaise qui parfois n'épargne même pas les passagers les plus aguerris.

Par malheur, il n'en fut point ainsi d'El-Ihoudi; brisé, anéanti, sans force, sans mouvement, il ne tarda point à tomber sur le pont. S'il n'est point de plus atroces douleurs que le mal de mer, en revanche, il n'en est guère qui inspirent moins de pitié; on passait donc avec indifférence près de l'israélite mourant, quand on ne riait pas de ses gémissements et de ses contorsions.

FIN DU PREMIER VOLUME.

TABLE

DES

CHAPITRES DU PREMIER VOLUME.

FIN DE LA TABLE DU PREMIER VOLUME.

Melun. — Imprimerie de DESRUES.

LE CABINET DE LECTURE.

COLLECTION DES MEILLEURS

ROMANS MODERNES

Treize cents volumes in-12.

Prix net : 750 francs.

CHAQUE ROMAN PRIS PAR UNITÉ : UN FR. LE VOLUME.

Liste des Auteurs composant la Collection.

Paul de Kock.
Victor Ducange.
Anne Radcliffe.
Madame de Genlis.
Madame de Souza.
Madame Cottin.
Barthélemy Hadot.
Dinocourt.
Guérin.
Touchard-Lafosse.
De Salvandy.
Defauconpret.
P. L. Jacob.
Walter-Scott.
Cooper.
Châteaubriand.
Capitaine Marryat.
Pigault-Lebrun.
Auguste Ricard.
Amédée de Bast.
Raban.
Lamothe-Langon.
Maximilien Perrin.
Arsène de Cey.
Hoffmann.
Marie Aycard.

Romans de Brigands, sombres, etc., etc.

N. B. Le Catalogue complet et détaillé de cette Collection sera expédié par la poste, et franc de port, à toutes les personnes qui en feront la demande par lettres affranchies.

Nouveautés à 4 fr. le volume,

en prenant le moins 30 vol. à la fois.

Tous les trois mois, la Maison publie une Notice de Nouveautés, composée des Ouvrages de nos meilleurs Auteurs, au prix de 4 Francs le volume, en prenant le moins 30 volumes à la fois. — Cette Notice se distribue *gratis*. — En faire la demande par lettres affranchies.

Sceaux. — Impr. de E. Dépée.

www.ingramcontent.com/pod-product-compliance
Ingram Content Group UK Ltd.
Pitfield, Milton Keynes, MK11 3LW, UK
UKHW012155240726
13966UKWH00002B/361